Regina & Jens Tödter

Glücksorte in Magdeburg

Fahr hin & werd glücklich

Dieses

Glücksbuch

ist für

Liebe Glücksuchende,

gleich vorweg: Das Tolle an der Stadt Magdeburg ist definitiv ihre Größe. Für alle hier vorgestellten 80 Glücksorte konnten wir das Auto getrost stehen lassen. Wir konnten die schönen Plätze entweder direkt zu Fuß, laufend in Sportschuhen, mit dem Lastenrad (dazu später mehr) oder ganz bequem mit Bus und Straßenbahn erreichen. Wir unternahmen Dinge, die wir vermutlich sonst nie getan hätten: in eine minus 85 Grad kalte Kabine steigen, eigene Tischtennisschläger basteln oder den SC Magdeburg (Handball) anfeuern – Momente mit vielen Schmetterlingen im Bauch.
Magdeburg ist aber nicht nur eine Stadt der Action und Events – das durften wir in den letzten 2 Jahrzehnten feststellen, in denen wir die Stadt immer wieder besucht und besser kennengelernt haben, bevor wir unseren Lebensmittelpunkt schließlich hierher verlegten. Wir sind fasziniert von ihrer Nähe zur Natur. Es sind nicht nur die vielen Parks und Kleingärten, die ganzjährig für tolle Farben und frische Luft sorgen. Welche Stadt gönnt sich schon eine Insel?! Das viele Grün erklärt auch die große Begeisterung für Bewegung im Freien – egal ob Radeln, Kanufahren oder Beachvolleyball. Magdeburg ist eine Sportstadt. Das steckt nicht nur an, sondern birgt auch jede Menge Glückspotenzial. Anschließend lässt sich wunderbar an einer der vielen Glücksoasen mit den Lieblingsmenschen oder ganz für sich das Leben genießen und zelebrieren. Und dafür halten wir ein paar schöne Vorschläge bereit.
Lust auf Glücksabenteuer? Los geht's!

Ihre Regina & Jens Tödter

GLÜCK

Deine Glücksorte …

… noch mehr Glück für dich

Übers Wasser laufen

1 Der Felsen am Magdeburger Dom

Einmal übers Wasser laufen. Das ist tatsächlich möglich, wenn die trockenen Monate die Elbe in die Knie zwingen und der berühmt berüchtigte Domfelsen zum Vorschein kommt. Diese gigantische Gesteinsformation kann man auch über die Treppenanlage des Westufers betreten und man kann sich auf ihr frei bewegen. Der Domfelsen befindet sich bei Stromkilometer 325,8. Diese Kilometrierung entlang der Wasserstraße nutzen Nautiker, um die Durchfahrt des Schiffsverkehrs besser zu planen. Das ist sehr wichtig! Schließlich geht das Wasser an dieser Stelle so weit zurück, dass die Fahrrinnenbreite statt 50 nur noch 25 Meter beträgt. Nicht jedes Schiff kommt hier mehr durch.

Weil der Domfelsen durch sein Erscheinen auch immer auf einen Niedrigwasserstand hinweist, bezeichnet man ihn auch als „Hungerfelsen". Er ist zwar eine historische Sensation, aber keine Seltenheit. Auch in Dresden, Torgau, Děčín (Tschechien) oder bei Worms findet man solche Gesteinsformationen, manche Entdeckungen solcher Felsen reichen sogar bis ins 15. Jahrhundert zurück, wie Inschriften auf den Steinen belegen. Auf dem erstmals im 18. Jahrhundert erwähnten Domfelsen wird man vergeblich nach solchen Schriften suchen. Er besteht nämlich aus Sand- und Schluffstein. Im Frühling siedeln sich am Uferrand im sehr nahrhaften, klastischen Bodensediment schon die ersten Pflanzen an, sodass es hier im Sommer reichlich blüht und gedeiht. Nicht nur Tomaten wurden schon gesichtet, auch der Biber fühlt sich hier richtig wohl.

Beim Betreten der Steinplatte darf man sich allerdings nicht über die eigentümliche „Seeluft" wundern, die aufkommt, wenn Wasser zurückweicht und der Schlamm freigelegt wird. Die einen kommen gleich in Urlaubsstimmung, die anderen werden vermutlich die Nase rümpfen. Trotz allem hat man von hier aus einen neuen Blick auf die Altstadt, die Brücken und den Dom. Schließlich ist der Domfelsen den Legenden nach der Grund für die Entstehung der Stadt. Er eignete sich prima für die Errichtung eines Grenzkastells.

- Domfelsen, Schleinufer 30, 39104 Magdeburg
- ÖPNV: Straßenbahn 2, 5, 10, Haltestelle Domplatz

Märchenhaft bunt

2 Besuch in der Grünen Zitadelle von Magdeburg

Das wohl schönste und gleichzeitig kontrastreichste Haus der Stadt ist die Grüne Zitadelle, das letzte Architekturprojekt des österreichischen Künstlers, Lehrers und Architekten Friedensreich Hundertwasser (1928–2000). Es wurde 2005 nach einer 2-jährigen Bauphase fertiggestellt und beherbergt heute Wohn- und Geschäftsräume: Neben kleinen Läden, Büros, Praxen und Cafés befinden sich im Haus – das eher einem Märchenschloss ähnelt – ein Kindergarten, Theater und Hotel.

Kein Fenster gleicht dem anderen und gerade Linien wird man hier vergebens suchen. Die Wände sind bunt gestrichen und mit Mosaiken verziert. Auf den Dächern befinden sich Blumenwiesen und goldene Kuppeln. Überall, wo man nur hinschaut, wachsen Bäume, selbst in den Innenräumen. „Ich lasse mich stets von Träumen leiten", sagte der Architekt, der als „Popstar zwischen Kunst und Kitsch" gefeiert wird. Und das Haus sah er stets als „dritte Haut des Menschen", die es zu gestalten und zu verschönern gilt.

TIPP

Im Info-Shop kann man sich gern mal umschauen. Hier gibt es tolle bunte Souvenirs.

Zuvor stand an dieser Stelle, in unmittelbarer Nähe zum Dom und Einkaufszentrum, noch ein alter Plattenbau, den der Künstler Hundertwasser nur verzieren sollte. Am Ende wurde ein Neubau daraus mit dem Titel „Grüne Zitadelle", der durch seine leuchtenden Farben, bunten Spiralen und begrünten Dächern jeden Besucher ins Staunen versetzt. Das einzigartige Architekturprojekt stellt einen echten Kontrast zur monumentalen, umgebenen gradlinigen Architektur am Breiten Weg dar. Touristen können das Haus von allen Seiten betreten und durch die Innenhöfe laufen. Nur die Bewohner haben ihren eigenen Eingang und eigene Balkone, um sich im bunten Paradies auch mal zurückziehen zu können.

Wer mehr über das Architekturprojekt erfahren möchte, bucht am besten eine Führung direkt im Info-Shop des Innenhofes. Über das artHOTEL besteht die Möglichkeit, ein paar Nächte im Haus zu verbringen. Oder man schnappt sich seinen Laptop und verbringt einen Tag im ecos office center, den wohl schönsten Büros der Stadt.

● Hundertwasser Architekturprojekt Die Grüne Zitadelle von Magdeburg (2003–2005), Breiter Weg 8–10 a, 39104 Magdeburg
www.gruene-zitadelle.de
● ÖPNV: Straßenbahn 2, 5, 10, Haltestelle Leiterstraße

Sich schlau staunen

3 Besuch des Jahrtausendturms im Elbauenpark

Eines ist sicher: Wer hier reingeht, kommt garantiert schlauer heraus! Man könnte sagen, im Jahrtausendturm durchlebt man 6000 Jahre Menschheitsgeschichte an nur einem Nachmittag – von den ersten Erfindungen wie dem Wasserrad bis zur 3D-Ansicht des Sternenhimmels. Deshalb wird das Wahrzeichen im Elbauenpark auch der „schlauste Turm der Welt" genannt. Er wurde für die Bundesgartenschau 1999 konstruiert und besteht komplett aus Holz.

Heute befinden sich auf mehreren Ebenen insgesamt 250 Exponate verschiedenster Wissenschaften. Wer die Technik- und Wissenschaftsgeschichte in den ersten fünf Etagen durchlaufen hat, darf ganz oben eine großartige Aussicht genießen. Diese Pause braucht man auch: Schließlich muss man die ganzen Eindrücke – von Höhlenmalerei bis Computertomografie, vom Faustkeil bis zum Röntgenteleskop – erst einmal verdauen. Der schlaue Turm ist weder eine Ausstellung noch ein Museum. Vielmehr laden interaktive Stationen zum Ausprobieren ein. Wer wollte nicht schon immer mal durch die engen Gänge einer ägyptischen Pyramide laufen?! Auf der ersten Ebene erlebt man außerdem am eigenen Leib, wie das Leben im antiken Rom ausgesehen haben muss – vom typischen Bürgerhaus bis zur öffentlichen Latrine. Man durchläuft die Frühgeschichte, die Antike, das Mittelalter und die frühe Neuzeit. In der Renaissance stößt man auch auf Ottos bekannte Halbkugeln. Und ab 1750 bis heute geht es dank weiterer Differenzierungen von der Mikro- in die Makroebene. Die Welt wird kleiner, der Blick geht in den Kosmos.

Nach all den neuen Erkenntnissen gibt es keinen schöneren Abschluss, als von ganz oben mit der Zipline (Seilrutsche) davonzugleiten. Bei 55 Kilometern pro Stunde fliegt man 440 Meter über die Parkanlage und kommt beim Kletterpark wieder raus. Besser geht's nicht!

TIPP

Einmal pro Saison gibt es eine Sonderausstellung, Führungen werden ab zehn Personen angeboten.

- Jahrtausendturm im Elbauenpark, Tessenowstraße 7, 39114 Magdeburg, Tel. (03 91) 59 34-2 63, www.jahrtausendturm-magdeburg.de
- ÖPNV: Straßenbahn 6, Haltestelle Messegelände/Elbauenpark

Secondhand-Schatzsuche

4

Der Zweimalschön Charity Shop am Ulrichplatz

Magdeburg ist auch dafür bekannt, dass man hier wunderbar shoppen kann. Hier gibt es eine große Auswahl an Bekleidungsgeschäften, ganz egal, ob man auf der Suche nach einer eleganten Abendgarderobe ist, nach bequemen Jeans Ausschau hält oder den neuesten Laufschuh anprobieren möchte. Doch damit Shoppen nicht nur kurzzeitig glücklich macht, sondern vielleicht einen guten Zweck erfüllt, sollte man auch einen Blick in die vielen Secondhandläden werfen, die sich ringsum befinden. Zum Beispiel direkt am Ulrichplatz – zwischen Allee Center und City Carré.

Der Laden ist sehr übersichtlich, einladend und aufgeräumt, man fühlt sich sofort wohl hier. Es gibt jede Menge hübscher Dinge, die sehr gut erhalten und kaum getragen sind. Diese Sachen verdienen ein zweites Leben! Und das ist auch das Konzept von Zweimalschön. Die hier angebotenen Artikel – darunter Damen- und Herrenbekleidung, Kindersachen, Spielzeug, Accessoires, Bücher, Schmuck, Taschen, CDs und andere Haushaltsgegenstände – sind nicht nur qualitativ hochwertig, sondern erschwinglich. Hier stehen hübsche Gläser für je 1 Euro das Stück, zahlreiche Bücher ab 0,50 Euro und sogar Lederstiefeletten (kaum Gebrauchsspuren) für gerade mal 25 Euro. Es sind zauberhafte Einzelstücke dabei, die man so nirgends mehr findet. Wer gerne Vintage trägt, wird diesen Laden lieben.

TIPP

Auch mal die eigenen Events, Sonderaktionen und Workshops des Ladens besuchen.

„Die Dinge sind wie neu, nur besser", heißt es. Sie befinden sich bereits in einem Kreislauf, in welchem keine neuen Ressourcen zur Herstellung benötigt werden. Bei dem Shop Zweimalschön handelt es sich um ein Charity-Projekt der Deutschen Kleiderstiftung und des Spangenberg-Sozialwerkes e. V., das inzwischen in mehreren Städten in Norddeutschland angesiedelt ist. Weil es sich um eine gemeinnützige Organisation handelt, arbeiten die Mitwirkenden alle auf ehrenamtlicher Basis. Sie nehmen gerne Kleider- oder Sachspenden an, nur sollten sie in einem guten Zustand sein.

- Zweimalschön, Ulrichplatz 9, 39104 Magdeburg, Tel. (03 91) 56 39 17 17
  www.zweimalschoen.de
- ÖPNV: Straßenbahn 1, 4, 5, 6, 8, 9, Haltestelle City Carré

WORKSHOPS

Auf der Insel

5 Unterm Baum am Adolf-Mittag-See

Der Adolf-Mittag-See wird auch als „Perle des Stadtparks" bezeichnet. Der Stadtpark Rotehorn liegt auf einer Insel im Stadtteil Werder, dem grünsten Viertel Magdeburgs. Im Norden der Insel befindet sich das Wohngebiet und im Süden das grüne Paradies auf einer Fläche von 200 Hektar. Und mittendrin der Adolf-Mittag-See mit Bootsverleih und sogar einer Insel auf der Insel.

Hier steht der Marientempel, eine idyllische Aussichtsplattform mit Blick auf die Fontäne. All das gäbe es sicherlich nicht, wenn der Einzelhändler Johann Karl Adolf Mittag vor etwas mehr als 100 Jahren nicht so spendabel gewesen wäre und diesen See mit 50.000 Mark finanziert hätte. Er war nicht nur erfolgreicher Unternehmer und nebenbei begeisterter Hochradfahrer, sondern auch ein kleiner Romantiker, der seiner verstorbenen Ehefrau Maria diesen Venustempel bauen ließ. Und Venus ist – wie wir wissen – die Göttin der Liebe, aber auch des Gartens und des Frühlings. Das erklärt, warum der Adolf-Mittag-See gerade im Frühling eine fast schon magnetische Anziehungskraft hat. In den ersten Frühlingsmonaten März und April erwacht die Natur zum Leben. Die Temperaturen steigen, Blumen fangen an zu blühen und die Bäume schlagen aus. Aber auch die Magdeburger bekommen Frühlingsgefühle. Gute Laune und ein hoher Aktivitätsdrang locken viele wieder verstärkt auf die Insel am Adolf-Mittag-See. Jetzt sieht man viele Spaziergänger, Sporttreibende und Frischverliebte, die hier die Natur genießen. Selbstverständlich nicht nur im Frühling. In den warmen Sommermonaten schätzt man auch die vielen Bäume – vor allem die wunderschönen Weiden –, die Schatten spenden und ein schönes Versteck bieten, wenn man sich etwas zurückziehen möchte. Wie wäre es zum Beispiel mit einem Picknick unterm Baum?

Rund um den See und auch in der Nähe der Marieninsel an der hölzernen Brücke finden sich viele solcher tollen Plätze direkt unter den Baumkronen. Und ganz ehrlich, von hier aus sieht die Welt immer ein Stück schöner aus.

- Adolf-Mittag-See, Seilerweg, 39114 Magdeburg
- ÖPNV: Bus 59, Haltestelle Stadthalle

Stockbrot und Ritterkunst

6 Das Kaiser-Otto-Fest im Domviertel

Magdeburg, anno 1280. Das Domviertel der Kaiserstadt öffnet seine Tore und verwandelt sich jedes Jahr Ende September für 4 Tage in eine sagenhafte mittelalterliche Metropole, wie sie vor rund 750 Jahren einmal ausgesehen haben muss. Und für dieses nach Kaiser Otto I. benannte Stadtfest legen sich die Magdeburger richtig ins Zeug: Die Damen verwandeln sich in Burgfräulein, sie schlüpfen in Samtkleider und Mieder, und die Herrschaften vervollständigen ihre Gewandung für den Recken mit Waffenröcken, Tuniken und Wärmsern. Überall werden Kail- und Sachsenzelte aufgestellt, um die einzigartige handgemachte Ware zu präsentieren: Silberschmuck, Ledertaschen und Gürtel, Trinkhörner, Holztruhen, Würfelspiele und Tonbecher. An jeder Ecke ertönen Marktsackpfeifen (eine Art Dudelsack) und der Duft von Stockbrot, Mutzbraten und Striezel liegt in der Luft. Das Fest erstreckt sich über ganze 28.000 Quadratmeter – vom Kloster Unser Lieben Frauen über den Fürstenwall, den Garten der Möllenvogtei bis hin zum Remtergang hinter dem Magdeburger Tor. Und natürlich gibt es mehr als Lederwaren und Met. An diesem Wochenende wird ein umfangreiches Programm aus Ritterturnieren, Feuerkünsten, Gesang und Akrobatik geboten. Das 21. Jahrhundert ist auf einmal ganz weit weg.

TIPP

Wer noch das perfekte Mittelalter-Outfit sucht, ist im Laden Aloria bestens aufgehoben.

Um Magdeburg besser zu verstehen, muss man das Mittelalter kennenlernen. Natürlich war das Leben damals rauer und mühsamer. Aber gefeiert wurde schon immer! Solche Feste gaben Anlass, zu zeigen, was man kann – von Dichtkunst über Handwerk bis Schwertkampf. Sie spiegelten den wirtschaftlichen Erfolg wider und repräsentierten die Wichtigkeit einer Stadt. Magdeburg war die Lieblingsstadt der mittelalterlichen Kaiser und sogar einst die größte deutsche Stadt. Heute ist sie vor allem ein liebenswerter Ort mit kreativen, fleißigen und talentierten Menschen, die sich bei diesem Fest reichlich ins Zeug legen.

- Kaiser-Otto-Fest, Domviertel (vom Kloster bis zum Magdeburger Tor), 39104 Magdeburg, www.kaiserottofest.de
- ÖPNV: Straßenbahn 2, 5, 10, Haltestelle Domplatz

Blauer Tee

7 Zu Gast im japanischen Teehaus Ochaya

Kaffee? Kann jeder! Aber wo gibt es einen der leckersten Tees der Stadt? Sicherlich im neuen japanischen Teehaus direkt am Hasselbachplatz, der pulsierenden Mitte Magdeburgs. Der neue Laden passt hier sehr gut rein, wenn man sich dem Lärm, dem Straßenverkehr und der Geschäftstüchtigkeit kurz entziehen möchte. Allerdings darf man hier kein typisches, klassisches japanisches Restaurant erwarten, wo alles farblich neutral, eher puristisch und gedeckt arrangiert ist. Vielmehr taucht man ein in ein buntes Sammelsurium an hölzernen Sitzmöbeln, bestickten Kissen und farbenfroher Dekoration. Die Wände sind Moosgrün, geschmückt mit Holzdekor, großen Bildern, knallroten Sonnenschirmen, herunterhängendem Efeu und Lampions aus Reispapier. Da darf die Winkekatze natürlich nicht fehlen.
Man kommt hier nicht nur zum Teetrinken, es gibt auch Ramen (Suppen), Teigtaschen und Sushi. Aber allein für die Tasse Tee lohnt sich der Besuch immer. Dem Teetrinken wird im asiatischen Raum ja gerne etwas mehr Aufmerksamkeit geschenkt. Und so geht die Bewunderung schon beim hübschen Teeservice los und wird mit dem ersten Schluck des Heißgetränks bestätigt. Die Karte enthält eine große Auswahl an verschiedenen Blumentees, Matcha, Weiß- und Grünteesorten. Probieren sollte man auf jeden Fall den Butterfly Pea Tea (auch blauer Tee oder Schmetterlingserbsentee genannt). Es handelt sich hierbei um einen koffeinfreien Tee aus blauen Blüten, die für die besondere Farbe sorgen. „Blau werden" geht also auch anders. Zumindest zaubert der Tee eine blaue Zunge – was beim Gegenüber wahrscheinlich für ein Lächeln sorgt.
Aber alles halb so schlimm! Hier fühlt man sich rundum wohl – dazu trägt auch das freundliche Personal bei – und man kommt gerne wieder. Das nächste Mal vielleicht sogar mit ein paar mehr Freunden, Arbeitskollegen oder der Familie, denn an den großen Tischen ist reichlich Platz und jeder ist willkommen.

- Ochaya Tea & more, Breiter Weg 227, 39104 Magdeburg, Tel. (03 91) 83 80 61 96 https://ochaya-magdeburg.eatbu.com
- ÖPNV: Straßenbahn 2, 3, 5, 8, 9, 10, Haltestelle Hasselbachplatz

Dschungel-Feeling

8

Ausflug in die Gruson-Gewächshäuser

Wer den Tropen unterm Glas einen Besuch abstattet, fühlt sich vielleicht ein wenig wie Indiana Jones auf der Suche nach dem verlorenen Schatz. Schon zu Beginn steht man vor riesigen Palmen und ein Baumkronenpfad führt hinauf zu den Baumwipfeln. Zwischendrin wuseln Straußwachteln, die lauter lustige Töne von sich geben. Die Expedition kann beispielsweise weiter in den trockenen Subtropen, durch das Lorbeerwald- oder Epiphyten-Haus geführt werden. Hier gibt es Pflanzen, die keine Erde zum Wachsen benötigen. Sie sitzen auf Bäumen und ernähren sich zum Beispiel von Insekten und Regenwasser. Wer hätte das gedacht: Orchideen zählen größtenteils auch dazu.

Weiter geht die Entdeckungsreise im Aquarium, wo man Bekanntschaft mit bissigen Piranhas macht. Zum Glück nur hinter der Glasscheibe.

TIPP

Krankes Pflänzchen zu Hause? Einfach zur Pflanzensprechstunde mitbringen und untersuchen lassen.

Den wahren Schatz findet man wahrscheinlich im Haus der Königin der Nacht: eine giftige und zugleich wunderschöne Blume, die ihre Knospen nur nachts öffnet, um durstige Fledermäuse anzulocken. In den inzwischen 125 Jahre alten Gruson-Gewächshäusern entdeckt man noch weitere Schönheiten und Raritäten. Fleischfressende Pflanzen, einen Riesenbambus, Kakteen oder Pfeilgiftfrösche. Das Erbe des Magdeburger Industriellen Hermann Gruson erstreckt sich auf 4000 Quadratmetern mit fast 5000 Pflanzenarten aus fünf Kontinenten. Grusons tropisch-botanischer Garten galt im 19. Jahrhundert als bedeutendste Sammlung der Welt.

All dies und viele weitere spannende Informationen erfährt man auch bei einer öffentlichen Führung. Anschließend einfach auf einer der Bänke Platz nehmen, die Umgebung auf sich wirken lassen und zur Ruhe kommen. Denn so ein Ausflug in die Gruson-Gewächshäuser hat schon etwas von einem Kurzurlaub in den Tropen. Feuchtwarmes Klima gibt es hier definitiv das ganze Jahr.

- Gruson-Gewächshäuser Magdeburg, Schönebecker Straße 129 b, 39104 Magdeburg, Tel. (03 91) 4 04 29 10 www.gruson-gewaechshaeuser.de
- ÖPNV: Straßenbahn 2, 5, 8, Haltestelle AMO/Steubenallee

Echte Glücksbringer

9 Der Laden Karma Art im FLORAPARK

Für gutes Karma sorgen, das kann man ausgerechnet im FLORAPARK – dem Konsumtempel Magdeburgs, etwas außerhalb der Stadt. Im FLORAPARK gibt es mehr als 75 Geschäfte, Restaurants und Cafés. Das Einkaufszentrum ist eine beliebte Anlaufstelle am Wochenende und an jedem Schlechtwettertag. Hier kann man bummeln und die Zeit vergessen.

Neben Fachhandel für Elektronik, Tierbedarf, Kinderspielzeug und Möbel gibt es einen kleinen Laden, der vielleicht etwas aus der Reihe tanzt. Bei Karma Art gibt es „handcraft for your soul", wie die Inhaberin Stefanie Borowsky es bezeichnet. Das sind handgefertigte und aus Naturmaterialien fair hergestellte Gegenstände und Accessoires – alles Unikate aus Fernost. Der Laden gleicht einem Elfenwald: Auf der einen Seite hängt exotischer Wandschmuck aus Wurzelholz, auf der anderen befinden sich ausgefallene Kerzenhalter und mundgeblasene Glasbehälter. Außergewöhnliche Lampen hängen von der Decke und zwischendrin entdeckt man kleine tanzende Shiva-Figuren oder Buddha-Statuen, die sich friedlich ins Nirvana träumen.

TIPP
Auch mal online schauen. Hier gibt es weitere hochwertige Produkte.

Viele der hier präsentierten Gegenstände haben Bezug zur hinduistischen oder buddhistischen Weltanschauung. Und das sind echte Glücksbringer: Ganesha (das ist der Gott mit dem Elefantenkopf) sollte man sich ins Haus holen, wenn man zum Beispiel einen neuen Lebensabschnitt beginnt. Mit seiner Hilfe lenkt man den neu eingeschlagenen Pfad in die richtige Richtung. Die Figur Garuda – halb Mensch, halb Adler – bringt ebenfalls jede Menge Glück und hält aufgrund ihrer etwas abschreckenden Visage allerlei Böses fern. Den herzlich lachenden und fülligen Buddha kennt jeder. Wer sich einen „Happy Buddha" ins Regal stellt, wird – dem alten chinesischen Volksglauben nach – mit ganz viel Reichtum belohnt. Und da gibt es noch die Blume des Lebens – ein Meisterwerk der Ornamente. Sie filtert negative Energien und sorgt für ein harmonisches Gleichgewicht. Man kann augenzwinkernd sagen: Wer hier einkauft, sorgt gleich für gutes Karma.

- Karma Art, Olvenstedter Graseweg 37 (im FLORAPARK), 39128 Magdeburg
www.karmaart.shop
- ÖPNV: Bus 71, Haltestelle Florapark

Raus aufs Land

10 Zu Gast im Café Seestraße in Cracau

Viele Städter zieht es aufs Land. Die Magdeburger oft nicht. Denn sie haben die ländliche Idylle quasi direkt vor der Haustür. Sie müssen zum Beispiel nur die Elbe überqueren und schon sind sie in Cracau, einem der 40 Stadtteile, der so gar nicht nach Landeshauptstadt oder Großstadtdschungel aussieht. Und das Café Seestraße ist der ideale Ort, um ein wenig Landluft zu schnuppern und die Ruhe zu genießen. Das Café wird gerne von Radfahrern und Spaziergängern aufgesucht. Denn es ist gerade mal 4 Kilometer vom Hauptbahnhof entfernt und so ein ideales Ziel für eine kleine Nachmittagstour. Außerdem liegt es an einem ruhigen, wenig befahrenen Weg am Ende der Seestraße, in einer Art Sackgasse. Von hier aus erreicht man den Elbdamm sehr gut und hat einen hervorragenden Ausblick auf die Alte Elbe.

TIPP
Tolle Geschenkidee: ein Gutschein fürs Brunchen, Kaffee und Kuchen oder für einen Weinabend.

Das Café wird für drei Dinge besonders geschätzt: das sehr herzliche Personal, die ungezwungene Atmosphäre und die großartigen Torten. Und jeder, der hier auch mal übernachtet hat, wird das gute Frühstück nie wieder vergessen (was man natürlich auch ohne Übernachtung genießen kann). Die luftig helle Inneneinrichtung ist 100 Prozent Landhausstil: gemütlich rustikal, von der Natur inspirierte traditionelle Formgebungen, frische Blumen, eine interessante Bücherwand, viel Holz und strukturstarke Baumwolltextilien. Hier fühlt man sich wie bei Oma, es ist immer gemütlich und familiär. Deshalb werden auch Familienfeiern hier gerne ausgerichtet. Vielleicht ist das der Grund, warum das Café Seestraße ebenso bei den Einheimischen zu den Lieblingsplätzen gehört. Die Speisen werden stets mit Liebe zum Detail kreiert. Man kann sich auf frische Köstlichkeiten aus eigener Produktion freuen, wie etwa Brötchen, Butter und Marmelade. Viele Erzeugnisse wie Eier, Wurst und Milch werden außerdem von Biobauern bezogen. Und das macht den Unterschied! Wer das Ländliche liebt und Ruhe sucht, ist im Café Seestraße genau richtig.

- Café Seestraße, Seestraße 24, 39114 Magdeburg, Tel. (03 91) 5 04 52 34
www.cafe-seestrasse.de
- ÖPNV: Straßenbahn 4, Haltestelle Pfeiffersche Stiftungen

Auf kaiserlichen Steinen

11 Spaziergang am Weg der Ottonen

Man hat es inzwischen verinnerlicht: Magdeburg wird seit einer umfangreichen Stadtmarketing-Kampagne im Jahr 2010 als „Ottostadt" bezeichnet. Dabei beruft sich die Stadt auf ihre beiden wichtigsten historischen Figuren, die zufällig beide Otto hießen: Kaiser Otto I. und Otto von Guericke (Glücksort 57).

Um Kaiser Otto I. (auch Otto der Große genannt) und seine Familie dreht sich alles in der Straße Am Dom gegenüber des Landeskirchenamtes und der Bastion Cleve. Hier befindet sich der sogenannte Weg der Ottonen. Man kann ihn schnell übersehen, aber ein Blick nach unten lohnt sich. Acht Sandsteinplatten mit den Lebensdaten zentraler Vertreter des Ottonengeschlechts sind dort in den Boden eingelassen. Jeder Bewohner der Ottostadt sollte zumindest die Eckdaten einer der berühmtesten Familien des Mittelalters kennen. Schließlich war Otto I. Herzog der Sachsen, König des ostfränkischen Reiches und Kaiser des Heiligen Römischen Reiches und damit eine der mächtigsten Personen in Europa. Der „große" Otto gründete 968 das Erzbistum Magdeburg und schenkte diese Stadt seiner ersten Frau Editha, die er über alles liebte. Und das Volk liebte sie auch! Ihr wird nachgesagt, dass sie so etwas wie die Diana des Mittelalters war: Sie war nicht nur bildschön und volksnah, sondern stammte sogar aus England und verstarb leider viel zu früh. Auf dem Weg der Ottonen befinden sich noch weitere Sandsteinplatten mit wichtigen Namen. Zum Beispiel die von Adelheid, Ottos zweiter Frau: Ihr gelang es sogar, dass sie vom Papst persönlich zur Mitkaiserin gekrönt wurde. Schließlich musste Otto kriegsbedingt in den Süden und sie hielt in Magdeburg die Stellung. Otto II. und Otto III. folgten um 1000 n. Chr. als Nachkommen des Kaisers. Zu erwähnen ist noch Theophanu, Ehefrau von Otto II. Der Prinzessin aus Byzanz (dem heutigen Istanbul) haben wir die Förderung des Nikolausbrauchtums (heute 6. Dezember) im Westen zu verdanken.

TIPP

Sehenswert: Ein paar Meter entfernt befindet sich noch der 40. FrauenOrt in Sachsen-Anhalt.

- Weg der Ottonen, Am Dom, 39104 Magdeburg
- ÖPNV: Straßenbahn 2, 5, 10, Haltestelle Domplatz

WEG DER
OTTONEN
919 – 1024

Sündhaft lecker

12 Schlemmen im Restaurant Die Kirche in Prester

Ganz klar, in dieser Kirche auf der sogenannten Krone des Elbdammes des Stadtteils Prester wird weder gefastet noch „Brot gebrochen". Und das Abendmahl fällt hier generell etwas üppiger aus. Die im Jahr 1110 erbaute, mehrmals zerstörte und wiederaufgebaute Dorfkirche stand in den 1990er-Jahren lange leer, bis sie 1997 von wagemutigen Gastronomen zu dem umfunktioniert wurde, was sie heute ist: „Eine wahnsinnige Idee" und perfekt umgesetzt, loben ihre zahlreichen Gäste! 10 Jahre später übernahm das Paar Jens und Katrin den Betrieb und erfüllt nicht nur sich, sondern Hunderten von Pärchen einen Traum. Denn heute ist Die Kirche ein ganz besonderer Ort und eine sehr beliebte Location für Verlobungs- und Hochzeitsfeiern. Es kann also vorkommen, dass eine im Garten aufgestellte Tafel mit der Aufschrift „Heute wird geheiratet!" dem spontanen Besuch auf einen Kaffee einen Strich durch die Rechnung macht – und das sogar unter der Woche!

Damit dies nicht passiert, sollte man vorab reservieren. Denn wenn gerade nicht geheiratet wird, kommt man am Wochenende sehr gerne zum Brunchen oder in den Abendstunden zu einem Candle-Light-Dinner. Und wer weiß, vielleicht wird aus der hier beginnenden Romanze irgendwann der Bund fürs Leben geschlossen? Liebe geht schließlich durch den Magen und die perfekte Location ist hiermit ja auch gefunden.

Was wird im Innen- und Außenbereich (bei gutem Wetter im wunderschönen Garten) alles aufgetischt? Man kann sich natürlich durch die Suppen, Pasta- und Fleischgerichte schlemmen. Vegetarisch sind zum Beispiel die Spätzlepfanne, der raffinierte Blumenkohl mit Kartoffelstampf oder die Ravioli, hier sogar hausgemacht. Doch die meisten kommen wegen der sündhaft süßen Desserts, bei denen auch Adam und Eva vermutlich nicht widerstanden hätten: warme Schokotörtchen mit Marzipan-Zabaione, Crème brulée mit Vanilleeis und feinster Kuvertüre oder Halbgefrorenes vom Spekulatius mit eingelegten Früchten und kandierten Pinienkernen. Einfach himmlisch!

TIPP

Wer Lust hat, läuft die hübsche, circa 5 Kilometer lange Strecke vom Stadtzentrum zur Kirche.

- Die Kirche, Alt Prester 86, 39114 Magdeburg, Tel. (03 91) 5 35 33 52
  www.restaurant-die-kirche.de
- ÖPNV: Straßenbahn 4, Haltestelle Pechauer Platz, ca. 1,2 Kilometer Fußweg

Die

Versteckter Liegeplatz

13 Relaxen und Feiern am Yachthafen Magdeburg

So ein Bootsliegeplatz in einem der beliebten Yachthäfen auf Mallorca, Ibiza oder Monaco kann schon mal in die Tausende gehen – pro Tag versteht sich. Nicht so in Magdeburg. Ja, auch hier gibt es einen Yachthafen, schließlich ist Magdeburg umgeben von Wasser. Tolle musikalische Liveacts, ein kühles Bier, etwas Köstliches vom Grill – was will man mehr? Da können Saint-Tropez, Ibiza Magna oder Porto Hercule einpacken! Hier kann man nicht nur faul in der Sonne liegen und die urbane Abgeschiedenheit genießen, sondern auch ganz schön aktiv sein: Wie wäre es mit einer Bootstour? Kanus beziehungsweise Kajaks stehen bereit. Und wenn man eine größere Truppe ist, geht's aufs sogenannte Donutboot (das ist ein rundes motorisiertes Partyboot in Eigensteuerung).

Am Yachthafen trifft man sich schon nachmittags mit Freunden und bleibt, bis die Partylichter an- oder auch ausgehen. Da das Bier schon ab Mittag fließt, kommt es schon mal vor, dass die Party vorgezogen wird, inklusive spontaner Tanz- und Gesangseinlage. Hieran ist aber auch ein bisschen die gute Musik schuld, für die der Yachthafen bekannt ist und welche von den Einheimischen geschätzt wird.

Der Hafen liegt etwas versteckter auf der Elbinsel und ist über die Zollelbe mit dem Boot erreichbar. Fußläufig ist es ein wenig komplizierter. Am besten, man läuft über die Insel an der Alten Elbe immer der Straße Am Winterhafen Richtung Anna-Ebert-Brücke entlang. Dasselbe gilt fürs Auto, wobei man wissen sollte, dass es mit den Parkplätzen in dieser Gegend nicht gut steht. Der benachbarte Campingplatz ist in den Sommermonaten – zeitgleich mit Saisonstart des Yachthafens – sehr überlaufen und entsprechend sind die Straßen proppenvoll. Doch die Einheimischen lassen sich nicht stressen. Sie lieben diesen besonderen Platz am Wasser und kommen gerne bei gutem Wetter hierher.

● Yachthafen Magdeburg, Am Winterhafen 1, 39114 Magdeburg, Tel. (03 91) 56 83 90
www.yachthafen-magdeburg.com
● ÖPNV: Straßenbahn 4, Haltestelle Zollhaus

Magdeburger Lied hüpfen

14 Das Tanzglockenspiel im Breiten Weg

Über die Straße hüpfen und dabei Töne erzeugen, diese Idee stammt ursprünglich vom Niederländer Alfons van Leggelo, der um 1970 das Tanzglockenspiel erfand. Ein solches Instrument, das mit den Füßen durch Hüpfen und Springen betätigt wird, findet man auch im Breiten Weg in der Magdeburger Altstadt. Dabei handelt es sich um neun quadratische, bronzene Bodenfliesen, die erklingen, wenn man auf sie tritt. Man muss dafür nicht einmal sonderlich musikalisch sein. Denn eine aufgestellte Tafel zeigt die Sprungfolge für eine ganz besondere Melodie mit dem Text: „Ist denn die Elbe immer noch dieselbe, fragt sich der Dom und wundert sich." Es handelt sich eigentlich um ein Kinderlied aus den 1970er-Jahren, das in den örtlichen Schulen gesungen wurde. Der Ursprung des Liedes ist unbekannt. Die Chorleiterin Britta Meier hat das Lied 30 Jahre später wiederentdeckt und inzwischen über die Stadtgrenzen hinaus mit dem Elbkinderland-Chor populär gemacht. Jeder kennt es! Es gehört zum festen Repertoire der Fußball- und Handball-Fangesänge und es kann seit 2003 nun auch gehüpft werden.
Die Installation funktioniert wie ein Carillon, das man eher aus Türmen kennt. Die Glocken sind chromatisch oder diatonisch aufgereiht und werden mittels Klaviatur gespielt. Doch dieses in den Boden eingesetzte Musikinstrument ist mit den Füßen bespielbar und jeder, der es einmal ausprobiert hat, weiß, das ist gar nicht so einfach: 5-5-5 und 3-3-3-3, jetzt 4, dann 1. Na, mitgekommen oder schon raus aus dem Takt? Doch egal, ob man den Ton jetzt richtig trifft oder versehentlich ganz andere Klänge erzeugt, das Hüpfen auf dem Instrument ist lustig und trägt zu einer ganz besonderen Klang- und Körpererfahrung bei. Denn mit Musik, Tanz und Bewegung gelingt nicht nur ein optimales Gleichgewicht zwischen Körper und Geist, sondern es werden – wie wir wissen – Glücksgefühle freigesetzt.

● Tanzglockenspiel, Breiter Weg 29, 39104 Magdeburg
● ÖPNV: Straßenbahn 1, 2, 4, 6, 8, 9, 10, Haltestelle Am Katharinenturm

Das Tanzglockenspiel
7 6 5
8 4 3
9 2
Klang und Bewegung gehören zusammen. Je kraftvoller der Sprung auf ein Feld, desto lauter der Klang. In der Skizze ist die Anordnung der Töne erkennbar. Bei dem Logo mit der Schnecke ist die 1.
Magdeburger Lied
5 5 5 3 3 3 3 4 1
Ist denn die Elbe immer noch die selbe?
4 4 3 4 6 6 4 5
Fragt sich der Dom und wundert sich.
5 5 4 3 3 3 6 6
So viel Verkehr, Häuser und noch mehr
5 5 4 4 4 3 3
hab ich früher wirklich nicht gesehen.
Design Alfons van Leggelo

Action an der Kletterwand

15 Hoch hinaus in der Boulderhalle BlocSchmiede

Behutsam greift man mit seinen Händen nach dem richtigen Kletterstein. Sitzt der Griff, folgen die Füße unmittelbar. Schritt für Schritt arbeitet man sich die bunte Felswand nach oben. Mal links, mal rechts, und ab und zu mit ganz viel Schwung. Es geht hoch hinaus, aber in diesem Fall ist Hinunterschauen gar nicht so schlimm. Das macht Bouldern auch so beliebt!

Man braucht für diese Kletterart weder Sicherheitsgurt noch Seil. Geklettert wird immer auf Absprunghöhe und im Fall eines Falles landet man immer auf sogenannten Crashpads, weichen Matten. Anfänger können deshalb sofort starten. Hilfreich sind die mit Farben markierten und mit Startzetteln versehenen Boulder-Steine. Die Indoor-Kletterwände sind echten Felsen nachempfunden. Daher kann es schon mal steil werden oder sogar kopfüber gehen.

TIPP

Mit den gelben Steinen starten. Denn die Farben stehen für unterschiedliche Schwierigkeitsstufen.

Die Boulderhalle befindet sich auf einem umzäunten Industriegelände und ist fußläufig über die Bebertaler Straße gut zu erreichen. Familien und jugendliche Gruppen treffen sich hier gerne an den Wochenenden und haben eine gute Zeit. Dafür sorgt auch das freundliche Team und tolle Musik.

Man braucht neben Muskelkraft vor allem Gleichgewicht und eine gute Klettertechnik. Und natürlich spezielle Kletterschuhe, ausleihbar für 3 Euro. Wer an die Kletterwand will, sollte sich außerdem die Handflächen mit Chalk (weißer Kreide) einreiben. Einen Chalkbeutel bekommt man ebenfalls vorne beim Personal. Bevor es losgeht, das Warm-up nicht vergessen! In der ersten Etage, wo sich auch die Umkleideräume, WCs und Spindschränke befinden, gibt es eine größere Fläche mit klassischem Fitness-Equipment: Turnringe, Kettlebells und Balance Boards. Beim Klettern beansprucht man ganz andere Muskelgruppen als im Alltag und wenn die Handflächen brennen und sich die Sehnenscheiden allmählich bemerkbar machen, ist definitiv Zeit für eine Pause. Dabei erfrischt man sich mit Limo oder stärkt sich mit Pizza – denn man kommt beim Bouldern nicht nur richtig ins Schwitzen, es macht auch hungrig!

- Boulderhalle BlocSchmiede, Lübecker Straße 53–63, Gebäude 16 a, 39124 Magdeburg, www.blocschmiede-boulderhalle.de
- ÖPNV: Straßenbahn 1, 8, 9, Haltestelle Bebertaler Straße

Live auf Sendung

16 Zu Besuch im MDR-Landesfunkhaus Sachsen-Anhalt

„So also geht Fernsehen", staunen die Besucher, die extra mit dem Reisebus nach Magdeburg kommen, um einen Nachmittag hinter die Kulissen des MDR zu blicken. Zu der 1-stündigen Führung durchs Landesfunkhaus kann sich jeder anmelden. Das macht man am besten direkt über die Webseite. Und das Gute ist, die Magdeburger haben es wirklich nicht weit bis zu den Studios auf der Elbinsel. Man überquert die Hubbrücke, biegt nach links ab und läuft direkt auf das hufeisenförmige Gebäude zu.

Wer früher dran ist, geht am besten direkt ins Café. Hier befindet sich auch die monatlich wechselnde kostenlose Ausstellung von Künstlern aus der Region. Allein dafür lohnt sich der Besuch in diesem interessanten Komplex aus Beton, Glas, Holz und Stahl. Es stellt das Pendant zum Magdeburger Dom gleich gegenüber dar. Das 1999 fertiggestellte Haus fällt aufgrund seiner zur Stadt gerichteten großen Fensterfront besonders auf. Im hinteren Bereich befinden sich die Produktions- und Büroräume für über 200 Mitarbeiter, weiter vorne sind die Studios. „Hier ist Stille geboten", sagt die Mitarbeiterin mit leiser Stimme. Einige nehmen gerade die letzten Änderungen am Manuskript für die nächste Sendung vor, andere sitzen konzentriert hinter der Glasscheibe und sprechen ins Mikrofon. „Das ist schon beachtenswert, wenn man bedenkt, dass gerade ganz Sachsen-Anhalt zuhört", sagt die junge Studentin, die sich hier nebenbei etwas dazuverdient. Die Besucher fragen, was denn genau aus Magdeburg gesendet wird. Das sind zum Beispiel der Polit-Talk „Fakt ist", die Quiz-Show „Quickie" oder „Exakt – Die Story". Natürlich können auch diese Sendungen besucht werden und vielleicht kommt man ja ins Fernsehen.

Bei der Führung sieht man nicht nur die Original-Nachrichtenstudios mit Greenscreen und Teleprompter, sondern bekommt auch einen guten Eindruck davon, was alles außerhalb der Kameras passiert. Für den einen sind das zu viele Knöpfe, für den anderen vielleicht der spannendste Job der Welt.

TIPP

Wer bei einer Führung dabei sein möchte, kann sich hier anmelden: www.mdr.de/kontakt-sachsen-anhalt.

● MDR-Landesfunkhaus Sachsen-Anhalt, Stadtparkstraße 8, 39114 Magdeburg
www.mdr.de

● ÖPNV: Bus 46, 59, Haltestelle MDR-Funkhaus

Grillen & chillen

17 Die Rotehornbrücke am Cracauer Wasserfall

Die Rotehornbrücke zählt eher zu den Geheimtipps der Einheimischen, die sie vor allem für Instagram-taugliche Sonnenuntergänge aufsuchen. Von hier aus schaut man nämlich direkt auf den Cracauer Wasserfall, der allerdings seit 2017 nicht mehr überquert werden darf. Lange wurde der Wasserfall als Wasserrutsche genutzt und die Leute badeten auch in der Alten Elbe. Das ist schon eine Weile her. Heute genießt man den Anblick des Wasserfalls lieber aus sicherer Distanz direkt von der Brücke aus. Von hier aus hat man außerdem eine großartige Perspektive auf den Park und den weiteren Elbverlauf. Wenn das Wasser der Elbe besonders niedrig steht, wird der Inhalt der Alten Elbe in die Stromelbe auf die andere Seite der Insel übergeleitet. Dies ist vor allem wichtig, damit die Elbe von Schiffen weiterhin befahren werden kann. In den Sommermonaten bemerkt man den niedrigen Wasserstand an der Freilegung des riesigen Felsens direkt vor dem Dom (Glücksort 1).

Aber zurück auf die andere Seite. Die Rotehornbrücke verbindet Cracau mit dem 200 Hektar großen Stadtpark und schließlich mit dem Stadtzentrum. Sie kann nur fußläufig oder mit dem Rad überquert werden und so herrscht hier tagsüber reger Verkehr, allerdings ohne lästige Motorengeräusche und Abgase. Da rücken plötzlich ganz andere Klänge in den Vordergrund: buntes Vogelgezwitscher wie das von Buchfink oder Braunkehlchen, gelegentlich hört man sogar den Buntspecht trommeln.

Aber nicht nur auf der Brücke, sondern auch unterhalb der Überführung gibt es viele nette Plätze: Hier lässt es sich super picknicken. Ja, sogar grillen ist erlaubt. Der grobe Strand direkt neben der rostroten Pylonbrücke ist einer der wenigen öffentlich erlaubten Grillplätze in Magdeburg. Und das nutzen viele Einheimische gerne in den warmen Sommermonaten, um hier direkt am Wasser ungestört und umgeben von Bäumen ein wenig Zeit mit Freunden und Familie zu verbringen.

- Rotehornbrücke, zwischen Cracau und Werder, 39114 Magdeburg
- ÖPNV: Straßenbahn 4, Haltestelle Simonstraße

Grün-roter Torjubel

18 Beim Heimspiel des Handballklubs SC Magdeburg

Was für eine Stimmung beim Handballverein SC Magdeburg in der GETEC-Arena: „SCM!“ Eine Halle voll in den Vereinsfarben Grün und Rot. Da bleibt kein Fan mehr auf den Plätzen sitzen, wenn das Magdeburger Lied gespielt wird und sich bis zu 7000 Fans auf das Spiel des Klub-Weltmeisters freuen. Das Maskottchen Till Eulenspiegel startet seinen Lauf durch die Ränge und klatscht reihenweise ab.
Nachdem die Mannschaftsaufstellung zelebriert wurde, geht das Hin und Her im Handball direkt los. Jede Parade des Heimtorwarts wird enthusiastisch gefeiert. Hier in Magdeburg wird Handball auf höchstem Niveau geboten. Den größten Jubel gibt es, wenn der Torwart selbst ins gegnerische Tor trifft. Doch muss der SCM stets wachsam sein, damit sich das Blatt nicht wendet. Auch komfortabel aussehende Führungen können nach ein paar Fehlwürfen schon wieder zu einem knappen Ergebnis dahinschmelzen. Aber wenn sich der SCM erst einmal in einen Flow gespielt hat, ist die Atmosphäre in dieser Handballarena mit der keiner anderen Sportart vergleichbar. Aufgrund der hohen Anzahl an Torszenen, Toren sowie Paraden wird in zweimal 30 Minuten ein Powerplay mit größtmöglicher Show geliefert. Dies macht die Handballspiele auch für diejenigen interessant, die sich mit dieser Sportart weniger auskennen und vielleicht bisher noch keine Berührungspunkte damit hatten.
Um das Spielgeschehen besser nachvollziehen zu können, sollten Laien vorab vielleicht aber doch noch einmal kurz in das Regelwerk schauen. Ansonsten fragt man sich, warum sich der Torwart beim Angriff der eigenen Mannschaft schon wieder „ausruhen“ muss und sich auf die Auswechselbank setzt. Anders als bei Fußballspielen, die auch schon einmal dahindümpeln können, gibt es im Handball keine Verschnaufpausen – auch nicht für die Zuschauer. Und das macht ein Handballspiel so interessant.

● Handballklub SC Magdeburg, GETEC-Arena, Berliner Chaussee 32, 39114 Magdeburg, www.scm-handball.de
● ÖPNV: Straßenbahn 4, Bus 51, Haltestelle Arenen

EHF
EUROPEAN LEAGUE
EHF
EUROPEAN LEAGUE

Runde Ruheoase

19 Auszeit am Buckauer Baumkreisel

Noch so ein „grüner Hingucker", an dem man immer wieder mal vorbeiläuft, wenn man an der Elbe Richtung Süden spazieren geht. Im Stadtteil Buckau, etwas weiter hinter dem Alten Speicher und auf Höhe der Fährstraße, befindet sich eine augenfällige runde Baumgruppierung, zu der man über einen kleinen Pfad aus Pflastersteinen über die Wiese gelangt. Das Interessante an diesem Ort ist definitiv die geometrische Anordnung der Bäume im Kreis. Man nennt ihn auch den Buckauer Baumkreisel. Hier reiht sich Baum an Baum. Zudem zeigen die vier im Boden eingesetzten Steintafeln die jeweilige Himmelsrichtung an. Wenn man es nicht besser wüsste, könnte man meinen, es handele sich bei diesem Platz vielleicht um eine der vielen heiligen keltischen Stätten, die insbesondere in der europäischen Eiszeit errichtet wurden. Solche kreisähnlichen Konstruktionen waren damals durchaus üblich. Aber nein, wir haben es hier mit einem relativ neuen Stadtprojekt aus dem Jahr 2000 zu tun: Der Buckauer Baumkreisel war der Startschuss für die komplette Neugestaltung des südlichen Elbufers. Man tauschte Industrie gegen Naherholung, schwarze Kohlen gegen grüne Wiesen. Und man kann sicher sein, dass diese Grünfläche nicht für den nächsten Bauboom weichen muss: Die eigentliche Funktion der weitläufigen Wiesen ist nämlich der Schutz vor Überschwemmungen der nahen Elbe, wie man sie in der Vergangenheit leider schon erleben musste.

TIPP

Beste Ausgangslage! Von hier aus gelangt man an weitere schöne Plätze, wie z.B. die Gruson-Gewächshäuser.

Viele nutzen das schattige Plätzchen im Buckauer Baumkreisel heute gerne für eine kleine Verschnaufpause mit Hund und Rad. Man hat einen wunderschönen Blick auf die Elbe und sogar die beiden etwa 2 Kilometer entfernten Domspitzen sind von hier aus gut zu erkennen. Andere kommen gezielt hierher, um in aller Ruhe ein gutes Buch zu lesen oder einfach den Alltagstrubel für paar Minuten hinter sich zu lassen.

- Buckauer Baumkreisel, An der Elbe, Höhe Fährstraße, 39104 Magdeburg
- ÖPNV: Straßenbahn 2, 8, 13, Haltestelle Budenbergstraße

Shoppen und Kaffee

20 Der Concept Store Thies Wohnen & Leben

Einkaufen geht heute anders. Immer mehr verschwimmen die Grenzen zwischen Shoppen, Freunde treffen und Kaffee trinken. Dabei wird die starre Form des Geschäfts oder des Cafés bewusst aufgebrochen und mit den schönen Dingen des Alltags verbunden. Concept Stores sind Läden, die individuelles Einkaufen und köstliche Gastronomie zusammenbringen. So wie auch das fünfköpfige Familienunternehmen Thies im Domviertel: Seit 2020 kann man hier auf zwei Etagen Möbel, Deko, Kosmetik und Mode shoppen, sich inspirieren lassen, Ideen für zu Hause holen und sich ganz nebenbei an kulinarischen Köstlichkeiten erfreuen. Egal ob Kaffee, Kuchen oder ein Glas Wein – hier ist alles von hoher Qualität.

Was man schnell feststellen wird: Die gemütliche Einrichtung an der Delibar im Erdgeschoss ist nicht nur eine beliebte Anlaufstelle für Touristen, sondern auch für Einwohner des Viertels, die hier ihren Lieblingsplatz gefunden haben. Für dieses besondere Lebensgefühl reiste Familie Thies um die ganze Welt und knüpfte Kontakte zu den verschiedensten Menschen und Institutionen – seit nun mehr als 25 Jahren. Sind alle Plätze belegt, kann man sich in Ruhe umschauen und die im Raum verteilten außergewöhnlichen Artikel genauer unter die Lupe nehmen. Darunter befinden sich selbst gemachte Unikate, trendige und zeitlose Designerprodukte, nachhaltige und hochwertige Textilien und Wohnaccessoires. Man entdeckt Feinkost aus Italien, Frankreich und England, zum Beispiel Öle, Salze, Marmeladen und Gebäck. Interessant ist auch die Duftkollektion, mit der man seinem Zuhause eine ganz individuelle Note verpassen kann. Dazu möchte der Concept Store Thies hauptsächlich inspirieren: Das eigene Heim als ganz besonderen Ort der Ruhe und Besinnlichkeit so zu gestalten, dass es ein Platz der Geborgenheit und der Wärme, aber auch des Zusammenkommens ist, auf den sich alle freuen. Bei Thies findet man die Idee und die notwendigen Accessoires dazu!

TIPP

Mittags unbedingt die frisch zubereiteten Sandwiches probieren.

- Concept Store Thies Wohnen & Leben, Breiter Weg 267, 39104 Magdeburg, Tel. (03 91) 5 34 24 26, www.wohnenundleben-thies.de
- ÖPNV: Straßenbahn 2, 5, 10, Haltestelle Domplatz

glücklich
STEHT DIR GUT

Hier spielt die Musik

21 Das Konservatorium Georg Philipp Telemann

Georg Philipp Telemann hat einmal gesagt: „Gib jedem Instrument das, was es leiden kann, so hat der Spieler Lust und Vergnügen daran." Der Magdeburger wusste, wovon er sprach. Er war im Barock der produktivste und erfolgreichste Musiker seiner Zeit. Der Pastorensohn brachte sich zu Schulzeiten so ziemlich jedes Instrument selbst bei. Da sein Vater allerdings früh verstarb, sollte er etwas „Gescheites" wie Jura studieren. Aber anstatt Paragrafen zu pauken, gründete er lieber ein Orchester und komponierte Opern. Er machte sein Hobby zum Beruf, und das sehr erfolgreich. Wer hätte damals, als der kleine Georg auf der Flöte trillerte oder die Zither zupfte, geahnt, dass er einst die Musikwelt so maßgeblich prägen würde?

Und ein bisschen in diesem Auftrag sieht sich auch das Telemann-Konservatorium – die größte Musikschule Sachsen-Anhalts – direkt am Opernhaus. Schließlich ist Musik die „Vermittlung von Mensch zu Mensch, ein Augenblick der Gegenwart, ein schöpferischer Akt". An dieser Musikschule haben Schüler jeden Alters die Chance, an der wunderbaren klanglichen Entstehung und Weitergabe mitzuwirken. Egal ob man sich nun für Gitarre, Saxofon oder das Mitspielen in der Big Band interessiert. Inzwischen üben regelmäßig 2700 Schüler fleißig an ihrem Instrument. Andere singen oder produzieren digitale Musik im Tonstudio. Selbst Dirigieren oder Komponieren kann man hier lernen. Wer sich bei dieser musikalischen Vielfalt nicht entscheiden kann, sollte die Schnupperkurse besuchen. Sehr gerne wird auch die elementare Musikerziehung angenommen, bei der sich der Nachwuchs mit Gesang, Bewegung und anderen Materialien an seine Umwelt musikalisch herantasten kann.

TIPP

Regelmäßig finden Konzerte der Musikschüler statt – meist sind sie kostenfrei.

Musik ist eine sehr gemeinschaftliche Angelegenheit, selbst bei einem Individualinstrument wie dem Klavier. Auch dieser Unterricht kann hier in einer Gruppe stattfinden. Wer also schon immer mal überlegte, ein Instrument zu erlernen, ist hier richtig. Und wer weiß, vielleicht steckt ja ein kleiner Telemann in uns.

- Konservatorium Georg Philipp Telemann, Musikschule der Landeshauptstadt Magdeburg, Breiter Weg 110, 39104 Magdeburg
  www.telemann-konservatorium.de
- ÖPNV: Straßenbahn 1, 2, 4, 6, 8, 9, 10, Haltestelle Opernhaus

Konservatorium
Georg Philipp Telemann
Musikschule der Landeshauptstadt Magdeburg
Herzlich
Willkommen!

Das Glück erforschen

22 Die Lange Nacht der Wissenschaft

Einmal im Jahr, meistens Anfang Sommer, findet die legendäre Lange Nacht der Wissenschaft statt. Dann öffnen die Otto-von-Guericke-Universität, das Fraunhofer Institut, der Jahrtausendturm und viele andere ihre Tore für die breite Öffentlichkeit. Natürlich sind die Themen breit gefächert und haben nichts mit trockener Theorie zu tun. Führungen, Shows und Experimente nehmen einen mit auf eine spannende Forschungsreise, zumindest für einen Abend zwischen Campus, Klinikgelände und Elbauenpark. Was genau erwartet die Besucher?
Wie wäre es zum Beispiel mit einer Flugsimulation oder einem Sprung aus 10 Metern Höhe? Man kann Dinosaurierspuren folgen oder in ein Superhirn blicken. Schüler können herausfinden, was sie später einmal studieren möchten. Und wenn es schon um die Zukunft geht, wie wäre es mit einer Spritztour im selbstfahrenden Auto?
Selbst der Suche nach dem Glück wird an der Uni eifrig nachgegangen. Und das lässt uns natürlich aufhorchen: Die Humanwissenschaft erforscht unter der Leitung des Soziologieprofessors Jan Delhey das Thema Glück. Ja, richtig gehört! Er ist anerkannter Glücksforscher und hat sogar schon den Bundestag beraten. Bei den soziologischen Studien geht es um die Untersuchung der Entwicklung von Lebensqualität, von Vertrauen im Hinblick auf soziale Ungerechtigkeit und europäische Integration. Das Thema ist sehr komplex, aber lässt sich vielleicht auf die Formel Haben + Lieben + Sein = Glück herunterbrechen. Eigentlich nachvollziehbar und dennoch bleiben viele Fragen offen. Was also ist Glück und wie lässt es sich wissenschaftlich erfassen?
Für diesen Glücksort jedenfalls gilt: Die Lange Nacht der Wissenschaft macht glücklich, weil Bildung den Horizont erweitert und die Neugier weckt. Das Gehirn schüttet das Glückshormon Dopamin aus, wenn wir etwas entdecken, etwas Neues lernen und Inhalte verarbeiten. Müssten wir die Formel nicht dann um den Begriff Lernen erweitern, Herr Professor?

TIPP

Am besten am Wissenschaftshafen starten und die kostenfreien Shuttlebusse nutzen.

● Lange Nacht der Wissenschaft, Wissenschaftshafen, Joseph-von-Fraunhofer-Straße 1 a, 39106 Magdeburg
https://wissenschaftsnacht.magdeburg.de
● ÖPNV: Bus 73, Haltestelle Wissenschaftshafen

ifak
DENKFABRIK
LANGE NACHT
der WISSENSCHAFT
www.wissenschaft.magdeburg.de
WISSEN
VON HIE
Sachsen-A lt virtuell

Auf ein Bier in Buckau

23

Zu Gast im Brauhaus Brewckau

„Irgendwie schicksalhaft ist es schon", erzählt der gelernte Zahntechniker Robert Kellermann, der 2015 das Brauhaus Brewckau ins Leben rief. Die Begeisterung fürs Bier wurde bei dem „Bierer" (Biere bezeichnet einen kleinen Ortsteil der Gemeinde Bördeland) schon vor einigen Jahren während eines Brauseminars entfacht. Und auch die Gaststätte, in der das Brauhaus heute untergebracht ist, hat ihn gefunden, als er eines Morgens nichtsahnend mit seinem Hund durch Buckau lief.

Statt Einheitsbrei aus dem Zapfhahn gibt es im Brewckau ständig neue Kreationen – Hopfen mit Kamille, Walnüssen, Kokos oder Quitten. „Es sind ausgefallene, aber auch hochwertige Zutaten und die Ideen kommen in ganz unterschiedlichen Situationen", verrät Kellermann. Zum Beispiel beim Joggen oder Spaziergang in der Natur. Wer schon einmal in der Gaststätte war, weiß, dass die Tische, Bänke und Sofas so angeordnet sind, dass man sich gleich wie zu Hause fühlt und viel schneller mit anderen ins Gespräch kommt. Die Möbel sind vintage und aus verschiedenen Kontexten hier gelandet. „Jedes Möbelstück hat schon einmal gelebt", sagt er und zeigt auch stolz auf das große Schild „Sportplatz Buckau", das sofort beim Betreten ins Auge fällt. Wenn das Wetter passt, finden bis zu 40 Leute Platz auf der Terrasse in einem der hipsten Stadtteile Magdeburgs.

TIPP

Freitags ist Brot-und-Biertag, was bei den Magdeburgern richtig gut ankommt.

Im Sortiment findet man auch Treberbrot, Schmalz und feine Spirituosen aus dem Umland. Wer genau hinschaut, entdeckt hinter dem Schankraum auch den Sudkessel mit Platz für 500 Liter Bier, und wer Lust hat, kann sich vor Ort mit Bier zum Werksverkaufspreis eindecken. Das muss man auch, denn Brewckau-Biere wird man meist vergeblich in anderen Geschäften oder Lokalen suchen. Gelegentlich entdeckt man das Bier auf einem Stadtfest oder einem Event, aber am besten kommt man einfach vorbei und genießt das coole Ambiente vor Ort.

- Brauhaus Brewckau, Schönebecker Straße 16, 39104 Magdeburg, Tel. (03 91) 40 82 19 49, www.brewckau.de
- ÖPNV: Straßenbahn 2, 8, 13, Haltestelle Budenbergstraße

KR/23

Dreckig, aber glücklich

24

Action pur im Dirtpark M-Trails Magdeburg

Anstatt nach der Schule irgendwie gelangweilt rumzuhängen, sollte man besser aufs Bike steigen. Das ist Sport, das ist Fun und definitiv ein sinnvoller Zeitvertreib. Mit dieser Idee begann eine Gruppe von Jugendlichen nach einem geeigneten Platz zu suchen, auf dem sie sich mit ihren Bikes austoben konnten. Das ist jetzt rund 20 Jahre her. Heute organisieren sich die circa 20 Mitglieder im Verein SportArt e.V. und halten den Dirtpark M-Trails in der Maybachstraße am Glacier Park gemeinsam in Schuss. Hier kann man Tables, Doubles und Lines üben und alle sind herzlich dazu eingeladen, mitzumachen.

Immerhin sind es 7000 Tonnen Erde, die für 70 verschiedene Sprungmöglichkeiten und Schwierigkeitsstufen sorgen. Und der Name ist Programm: Hier geht's richtig zur Sache, wer nicht dreckig wird, hat etwas falsch gemacht. Am besten eignen sich spezielle robuste und wendige Räder – etwa Dirt-Bikes, BMX-Bikes, aber auch Mountainbikes –, mit denen man problemlos über Sprunghügel und Hindernisse springen kann. Wichtig ist vor allem die minimalistische Ausstattung, um Gewicht zu sparen und leichter Tricks ausführen zu können.

TIPP

Ein spontaner Besuch lohnt sich immer. Der Dirtpark kostet nichts und ist gut erreichbar.

Der Dirtpark-Hype hat seinen Ursprung übrigens in den USA. Das südkalifornische Huntington Beach ist nicht nur beliebt bei Surfern und Skatern, sondern ist für seine Dirt-Szene bekannt. Der Magdeburger Dirtpark ist ebenfalls ein Unikat, das hat sich auch unter Bikern aus anderen Städten herumgesprochen. Sie kommen aus ganz Deutschland her, um gemeinsam an Contests wie zum Beispiel dem „Back to Dreck" teilzunehmen. Die Biker-Community ist vielfältig und nicht nur an waghalsigen Dirtjumps oder Pumptracks interessiert. Sie setzt sich sehr engagiert für mehr Rad-Bewusstsein in den Städten ein. Events wie „Mehr Platz fürs Rad" oder das Fahrrad- und Mitbring-Picknick kommen gut bei der breiten Bevölkerung an und sorgen für tolle Stimmung im Park.

● Dirtpark M-Trails Magdeburg, Maybachstraße, 39104 Magdeburg
● ÖPNV: Bus 59, Haltestelle Maybachstraße

Ab durch die Bäume

25 Im Grüne-Mitte-Labyrinth

Einst sah es hier, wo heute 168 wohl angeordnete Bäume stehen, ziemlich trist aus. 2006 wurden die letzten Steine der Zichorienfabrik entfernt, damit wieder etwas wachsen kann. Man nennt den Platz heute liebevoll das Grüne-Mitte-Labyrinth, weil die im Rechteck angeordneten und rasterförmigen Bäume tatsächlich ein kleines Labyrinth ergeben. Der Eingang von außen symbolisiert die „Aufgabe des Lebens". Über einen bestimmten Zeitraum hinweg arbeitet man an seinen Lebensprojekten und wächst mit den Aufgaben. Ähnlich wie der Baum, der jedes Jahr ein Stück kräftiger wird und um ein paar Zentimeter wächst.
Gelangt man schließlich zur grünen Mitte, wird man mit „Ruhe und Einklang" belohnt. Ein bisschen Zen-Feeling hat das Ganze schon. Und wenn man bedenkt, dass hier noch vor gut einem Jahrhundert die Magdeburger Schwerindustrie dominierte und hier „Alternativkaffee" geröstet wurde, weil es teils schwierig war, in der DDR an Kaffeebohnen zu kommen, kann man sich das kaum vorstellen. In Magdeburg gab es sogar 14 solcher Zichorienfabriken. Wie der Name vielleicht schon verrät, wurde Kaffee vor allem aus der Wurzelzichorie gewonnen, das sind bestimmte Chicorée-Sprossen, die aufgekocht einen ähnlich bitteren Geschmack erzeugen. Da die Zichorie in der Börde heimisch war, konnte Magdeburg viele Städte gut versorgen. So konnte auch der Schmuggel von Kaffee in Zaum gehalten und der Durst nach dem aromatisch-malzigen Geschmack etwas gemildert werden.
Heute sind es aber keine Zichorienwurzeln, die an dieser Stelle gedeihen, sondern junge Bäume – ein Projekt der Stadtentwicklung, das sogar pädagogisch begleitet wurde. Schüler übernahmen eine Baumpatenschaft und ließen ihren Lebenslauf in einer Flasche mit in die Erde ein, um die Verbundenheit zu symbolisieren. Heute ist das ehemalige Arbeiterviertel öffentlicher Raum für Kunst und Kultur und die Grüne Mitte lässt das Leben wieder aufblühen.

- Labyrinth Grüne Mitte, Karl-Schmidt-Straße, 39104 Magdeburg
- ÖPNV: Straßenbahn 2, 13, Haltestelle Neue Straße/Zirkusmuseum

BAUM FÜR BUCKAU
PFLANZEN
MITTE LABYRINTH
APRIL 2006

Frisch und regional

26 Auf dem Wochenmarkt am Alten Rathaus

Einst galt er als Vorbild für viele andere Märkte, der Alte Markt von Magdeburg. Märkte waren schon im Mittelalter ein Ausdruck von Reichtum und Vielfalt einer Stadt. Deshalb gönnte sich die Stadt Magdeburg damals gleich einen zweiten, den Neuen Markt am Dom. Geblieben ist der Alte Markt bis heute. Hier treffen sich täglich von Dienstag bis Samstag diverse Händler aus der Region, um ihre frischen Erzeugnisse anzubieten. Was aber macht den Magdeburger Wochenmarkt seit Jahrhunderten so attraktiv?

Es ist nicht nur die zentrale Lage direkt vor dem Alten Rathaus, sondern auch die persönliche Atmosphäre und der direkte Austausch mit den Verkäufern und Lieferanten. Sie sind gerne bereit, einem etwas über die Produkte zu erzählen. Wo kommen sie her? Wie lange halten sie sich? Und mit was kann man sie besonders gut kombinieren? So kann man sich auch mal an Lebensmittel herantasten, die man noch nicht kennt oder von denen man nicht weiß, wie man sie weiterverarbeiten soll. Immer wieder halten die Stände ein paar kleine Kostproben bereit und wenn man einen guten Draht zum Verkäufer hat, gibt es schon mal den ein oder anderen Kräuterbund obendrauf. Der Bummel über den Wochenmarkt hat viel mit Wertschätzung und Achtsamkeit zu tun. Außerdem nimmt man den besonderen Duft, den die frischen Äpfel, Kartoffeln und Kräuter, ja sogar die Salatblätter ausströmen, gleich mit nach Hause. Das macht richtig Lust aufs Kochen. Und der Einkauf ist nicht viel teurer als im Supermarkt. Mit saisonalen Lebensmitteln kann man sogar etwas sparen.

Manchmal muss der Wochenmarkt für besondere Events wie das traditionelle Bierfest oder den Weihnachtsmarkt weichen. Dafür werden die Gemüse- und Obststände einfach auf den Breiten Weg verlagert. Genug Platz ist für alle da. Insgesamt gibt es sechs Wochenmärkte in ganz Magdeburg, aber der wohl repräsentativste und schönste ist immer noch der auf dem Alten Markt.

- Wochenmarkt, Alter Markt, 39104 Magdeburg
- ÖPNV: Straßenbahn 1, 2, 4, 6, 8, 9, 10, Haltestelle Alter Markt

otto
Kohlrabi 1,-
Bundmöhren 1,50
Radis 1,-
Lauchzwiebeln
2,-
otto
Blumen-Kohl
Wirsing
Rotkohl /Weißkohl

Summer in the City

27 Die Strandbar Magdeburg am Petriförder

Zugegeben, Magdeburg ist nicht Freiburg oder Saarbrücken und damit keine typische Sommerstadt. Hier herrscht gemäßigtes Klima und die Temperaturen steigen im Sommer gerade mal auf durchschnittlich 24 Grad Celsius. Wolken und Wind sind ganz alltäglich. Nichtsdestotrotz gibt es hier Plätze, die regelrecht für Urlaubsstimmung sorgen. Die Strandbar am Petriförder zum Beispiel. Jeder kennt sie! Denn sie bringt seit nun mehr als 17 Jahren von April bis September den Sommer in die City. Was will man mehr! Toplage direkt am Wasser, direkte Anbindung zur Innenstadt und genügend Parkmöglichkeiten (auch für Campingurlauber). Für ein bisschen Ibiza-Feeling sorgen die exotischen Palmen, bequemen Loungemöbel, Chill-out-Sound und ein paar luxuriöse Sonnenbetten. Und natürlich steckt man gerne seine nackten Füße in den feinen Karibiksand.
Ganze 300 Tonnen werden hier jedes Jahr aufgeschüttet. Damit dieser auch immer schön sauber bleibt, müssen Hunde draußen bleiben und auch das Rauchen ist untersagt. Dafür gibt es freien Eintritt und kostenloses Internet. Während man tagsüber eher zum Chillen oder Eisessen vorbeikommt, verwandelt sich die Strandbar abends zur angesagten Szene-Gastro. Es gibt coole Cocktails, leckere Burger und guten Sound bei Sonnenuntergang. Gelegentlich und eher zum Wochenende kommen Live-DJs und sorgen für tolle Partystimmung – von House bis Salsa.
Ebenfalls beliebt sind die hier live übertragenen großen Sportevents auf der fest installierten LED-Leinwand. Dann fiebert man gemeinsam bei den Spielen der Magdeburger Fußballjungs oder der erfolgreichen Handballmannschaft. Viel Spannung und gute Stimmung sind garantiert. Man trifft hier auf Studentengruppen, Camper auf ihrer Durchreise, Familien, aber auch Kollegen, die ihren Feierabend gemeinsam ausklingen lassen. Wer also schon urlaubsreif ist, aber noch ein bisschen auf seinen Sommerurlaub warten muss, für den ist die Strandbar der perfekte Ort!

- Strandbar Magdeburg, Petriförder 1, 39104 Magdeburg
www.strandbar-magdeburg.de
- ÖPNV: Straßenbahn 1, 2, 4, 6, 8, 9, 10, Haltestelle Alter Markt, ca. 1 Kilometer Fußweg

Ins Wissen eintauchen

28 Die gläserne Universitätsbibliothek

Das größte Buch der Bibliothek – ein Atlas über die deutschen Siedlungen in den USA aus dem Jahr 1974 – passt mit seinen 70 Zentimetern wahrscheinlich nicht auf jeden Schreibtisch. Das kleinste Buch wiederum, „Briefe aus dem Gefängnis" von Rosa Luxemburg, erstmals 1984 veröffentlicht, passt zweimal in eine Zigarettenschachtel. Diese und natürlich viele andere gebundene Schätze befinden sich in der großen gläsernen Universitätsbibliothek, die 2003 neu eröffnet wurde. Von außen wirkt sie wie ein riesiges Schiff, im Inneren ist sie ein Labyrinth – was auf die polygonale Form zurückzuführen ist. Hier kann man sich verlaufen!

Der Blick in die Regale lässt einen wirklich staunen: Da gibt es zum Beispiel die Ute-und-Wolfram-Neumann-Sammlung, die sich durch die gleichnamige Stiftung dem Erhalt und der Pflege der Buchkultur verschrieben hat. Inzwischen sind es über 1850 Buchreihen mit 30.000 Beständen. Oder wie wäre es mit der historischen Belletristik- und Filmsammlung – natürlich komplett virtuell und mit über 150 interessanten Quellen über neuere Geschichte. Man könnte noch so viele der 1,2 Millionen Medien aufzählen, die man in Ruhe vor Ort oder per Ausleihe studieren kann. Und das Schöne ist: Man muss nicht einmal Student sein! Denn externe Besucher können sich gegen Gebühr einen Ausweis ausstellen lassen, um das umfangreiche Angebot der Universitätsbibliothek zu nutzen: etwa Datenbanken, Leseplätze, moderne FollowMe-Kopier- und Druckgeräte, Kurse und Seminare. Und natürlich gibt's auch ein umfangreiches digitales Angebot mit fast 2 Millionen Werken.

TIPP

Regelmäßig gibt es Sonderveranstaltungen und spannende Vorträge zu verschiedenen Themen.

Wer jetzt eine kleine Pause vertragen kann, ist hier ebenfalls sehr gut versorgt. Das Café im Eingangsbereich bietet ein paar schöne Sitzplätze direkt an der Fensterfront mit kleinen Snacks und einem guten Getränkesortiment im Angebot. Hier kann man mal tief durchatmen und vielleicht sogar mit seinen Tischnachbarn ins Plaudern kommen – was nach so vielen Minuten Stille nahezu erfrischend wirkt.

- Universitätsbibliothek Magdeburg, Universitätsplatz 2, 39106 Magdeburg, Tel. (03 91) 67-5 86 40, www.ub.ovgu.de
- ÖPNV: Bus 73, Straßenbahn 2, Haltestelle Universitätsbibliothek

Heinz Kloss
Atlas der deutschen Siedlungen in USA
Atlas of German-American Settlements
G. Elwert Verlag Marburg

Grüne Mini-Oase

29 Der Schneidersgarten in Sudenburg

Im Südwesten von Magdeburg liegt der Stadtteil Sudenburg. Er gehört zu den beliebtesten Wohnvierteln, insbesondere für Medizinstudierende, die es von hier aus nicht weit zum Uniklinikum haben. Aber auch die Industrie hat sich hier im Ort – der vor 155 Jahren eingemeindet wurde – niedergelassen: Man produziert Bier, früher auch Zucker und Zigarren und es gab sogar eine Schokoladenfabrik. Wo Industrie ist, braucht es Grünanlagen und die sind in Sudenburg leider rar.

Zum Glück aber lebte hier einst der Großgrundbesitzer Wilhelm Schneider, der im 19. Jahrhundert in der Nähe der großen Halberstädter Straße ein etwa 1,3 Hektar großes Grundstück besaß, mit Villa und Garten, einem kleinen Park und geschwungenen Wegen. Sein Porträt im Kulturhistorischen Museum erzählt die Geschichte eines Waisenkindes, das schnell zu Wohlstand kam, aber Magdeburg schon einige Jahre später verließ und nach München zog. Er überschrieb der Stadt Magdeburg seinen Park, aber einigte sich darauf, dass die letzten Familienmitglieder hier begraben werden dürfen, was die Grabsteine mitten im Park erklärt. Ansonsten ist die nach ihm benannte Parkanlage für jeden jederzeit zugänglich und sehr beliebt bei jungen Familien, die sich hier gerne an Wochenenden aufhalten. Die Kinder toben auf dem Spielplatz, die Eltern treffen sich auf einen Plausch, Medizinstudenten drehen ein paar Runden in Joggingschuhen und Hundebesitzer genießen ebenfalls die versteckte grüne Mini-Oase, die heute sogar unter Denkmalschutz steht.

Während der Kriegszeit gab es hier einmal einen Teich, der dazu diente, genügend Löschwasser zur Verfügung zu stellen. Heute freut man sich über den reichlichen Baumbestand, der Schatten spendet und viele Rückzugsmöglichkeiten für die 18.000 Einwohner des Stadtteils bietet.

● Schneidersgarten, 39112 Magdeburg
● ÖPNV: Straßenbahn 10, Haltestelle Jordanstraße

Fleischlos glücklich

30

Zu Gast im Lokal BOTANICA von Madame Lulu

Man muss kein Vegetarier sein, um im BOTANICA von Madame Lulu auf den Geschmack zu kommen. In diesem Lokal wurden schon so manche „Allesesser" von vermeintlichen Vorurteilen gegenüber fleischloser Kost befreit. Vegetarisch und auch vegan kann richtig vielfältig und köstlich sein, das beweist das tolle und charmante Team von BOTANICA täglich von Dienstag bis Sonntag. Auf der Speisekarte stehen fantastische Suppen, bunte Curry-Gerichte, frittierte Kapern, geschmackvolle Sojafilets, leckere Bowls und verführerische Desserts. Oft kann man sich zwischen all den Leckereien gar nicht entscheiden. Man müsste sich nach und nach durch die Karte schlemmen!

Das ist aber nicht der einzige Grund, warum Gäste gerne wiederkommen. Das kleine Lokal zwischen Hasselbachplatz und Hauptbahnhof ist gemütlich und versprüht Wohnzimmeratmosphäre. Wer noch nie hier gewesen ist, wird vielleicht anfangs daran vorbeilaufen. Man erkennt es hauptsächlich an seinem großen und mit vielen Pflanzen zugestellten Fenster. Drinnen sieht es ein bisschen aus wie im angebauten Wintergarten. Hier werden alle Gerichte konsequent „vom Gemüse aus gedacht", wie es so schön heißt. Das macht die vegetarische Küche unglaublich abwechslungsreich, leicht und gesund. Besucher schwärmen von den liebevoll angerichteten Speisen. Gute Küche spricht sich rum! Wer also ohne Reservierung kommt, wird wahrscheinlich warten oder zu einem späteren Zeitpunkt wiederkommen müssen. Natürlich besteht auch die Möglichkeit, Speisen zum Mitnehmen zu bestellen und außer Haus zu essen.

Hinter dem außergewöhnlichen Namen Madame Lulu stecken übrigens Elena Gaidamacha und Julius Fritsch. Sie haben sich beim Durchblättern eines alten Poesiealbums ganz zufällig von einer Eule namens Lulu für den Namen inspirieren lassen. Im BOTANICA finden auch immer wieder spezielle Events statt, verknüpft mit Weinverkostungen oder saisonalen Festen. Hier wird man fleischlos glücklich!

TIPP

Unbedingt im Zwillings-Concept-Store SALOMON nebenan vorbeischauen (https://salomon.madame-lulu.com).

- BOTANICA von Madame Lulu, Otto-von-Guericke-Straße 66, 39104 Magdeburg, Tel. (03 91) 58 23 53 99, https://botanica.madame-lulu.com
- ÖPNV: Straßenbahn 3, 8, 9, Haltestelle Haeckelstraße/Museum

Aussicht genießen

31 Die Elbschaukel unter der Hubbrücke

Manchmal muss man das Glück etwas anstupsen und oft hilft eine Schaukel dabei. Eine ganz besondere hängt am Ostende der zentral gelegenen Hubbrücke, welche die Altstadt Magdeburgs mit der Insel Werder verbindet. Unterhalb dieser Brücke – eine ehemals eingleisige Eisenbahnbrücke, die von hier aus nach Potsdam führte – befindet sich eine Schaukel auf der Seite der Insel. Was sofort auffällt: Sie ist fast 2 Meter breit. Auf ihr können bis zu vier Erwachsene Platz nehmen, aber bitte nur für das Foto mit dem besonderen Altstadtpanorama im Hintergrund. Schaukeln zu viert wird schwierig. Tatsächlich zählt die Elbschaukel, wie sie bezeichnet wird, zu den heute am häufigsten fotografierten Motiven der Stadt. Besonders in den Abendstunden, wenn die Sonne langsam hinter der Altstadt verschwindet, sich der Himmel rot färbt und nur noch die Silhouette des Doms und der Kirchen zu sehen ist, entstehen einmalige Bilder.

TIPP
Eine kleine Erfrischung gibt's direkt im benachbarten Bistro des MDR-Funkhauses.

Die Schaukel gibt es erst seit 2015. Sie wurde von ein paar jungen engagierten Menschen gebaut und an der unter Denkmalschutz gestellten Brücke installiert. Spenden erhalten die Schaukel aufrecht, die doch immer wieder zur Reparatur abgenommen werden muss. Auch die Hubbrücke selbst erlebt seit ihrer Konstruktion 1846 ein ständiges Auf und Ab – sie musste oft umgebaut und saniert werden. Und sie hat längere Phasen der Stilllegung bzw. Schließung hinter sich. Zum Glück und mit großer Unterstützung durch die Bevölkerung wurde sie nach einer längeren Pause 2013 repariert und ausschließlich für Fußgänger und Radfahrer zugänglich gemacht. Jede Planke birgt zudem eine interessante Inschrift mit eingravierten Namen der Unterstützer, Sprüchen oder einfach nur persönlichen Wünschen an die Stadt. Seither ist sie eine beliebte historische Sehenswürdigkeit mit „industriellem Charme“ und seit ein paar Jahren nun auch um ein weiteres Glücksobjekt reicher: die Elbschaukel.

- Elbschaukel unter der Hubbrücke (Ostseite), Kleiner Stadtmarsch, 39104 Magdeburg
- ÖPNV: Bus 46, 59, Haltestelle MDR-Funkhaus

360-Grad-Panorama

32

Die Rotehorn-Parkspitze auf der Elbinsel

Vielleicht ist das der Grund, warum Magdeburg so anziehend ist: Es ist die unmittelbare Nähe zum Wasser. Magdeburg liegt direkt an der Elbe und gleich gegenüber der Altstadt befindet sich Werder, eine Insel mit einer einzigartigen Parklandschaft auf über 200 Hektar Fläche. Der 1871 neu gestaltete Stadtpark Rotehorn ist für die Magdeburger so etwas wie der Central Park für New Yorker und wahrscheinlich der größte Glücksort dieser Stadt.

Man kann die Insel zwar auch bequem mit dem Bus oder Auto erreichen, aber am besten läuft man von der Altstadt zu Fuß über die Hub- oder Sternbrücke und lässt mit jedem Schritt ins Grüne den Alltagsstress einfach hinter sich. Wer dem Trubel vollends entkommen möchte, läuft bis zur Rotehornspitze – dem südlichen Zipfel der Elbinsel. Ausgehend vom zentral gelegenen und nicht zu übersehenden Albinmüller-Turm einfach dem Niemeyerweg Richtung Süden folgen, vorbei an der Hundewiese, der Personenfähre-Anlegestelle und der Salzquelle bis zum Paul-Niemeyer-Gedenkstein. Gleich dahinter befindet sich die Rotehorn-Parkspitze: eine kleine Lichtung mit natürlichem, grobkörnigem Sandstrand und einer großartigen Sicht auf den breiten Fluss und seine Teilung in Alte Elbe (links) und Elbe (rechts).

TIPP

Nur 900 Meter entfernt befindet sich die Personenfähre Rotehornpark–Mückenwirt (Buckau).

Dieser Aussichtspunkt gehört zu den wohl schönsten der Stadt und dennoch kommen selten Touristen hierher. Ein paar Einheimische haben es sich auf einer Picknickdecke gemütlich gemacht, sie unterhalten sich, lesen ein Buch oder lassen Steine auf der Wasseroberfläche springen. So mancher Läufer, der den anfangs erwähnten Gedenkstein passiert, überquert ebenfalls vorsichtig den Grit, um einen schnellen Blick auf die Elbe zu werfen und vielleicht kurz durchzuatmen. Es ist ruhig hier, ja fast schon kontemplativ. Und wer Lust hat, kann anschließend im benachbarten Elb-Hotel am Seilerweg – nur wenige Schritte von der Spitze entfernt – ein kleines Päuschen einlegen und eine Tasse Kaffee auf der Terrasse trinken.

● Stadtpark Rotehorn, 39114 Magdeburg
www.magdeburg-tourist.de/stadtpark
● ÖPNV: Bus 59, Haltestelle Stadthalle

Ostalgie pur!

33 Die DDR-Museumswohnung der MWG

Jeden Sonntagnachmittag gewährt die Wohnungsgenossenschaft MWG einen Einblick in das Leben in der damaligen Deutschen Demokratischen Republik (DDR), insbesondere in den 1960er- und 1980er-Jahren. Auch RTL und der MDR waren für Filmaufnahmen schon zu Besuch. Gleich beim Betreten der Wohnung gibt es den ersten Kulturschock. Die verschiedenen historischen Alltagsgegenstände katapultieren einen etwa 60 Jahre zurück. Im Flur entdeckt man schon die ersten Besonderheiten und Kuriositäten. Ein Telefon mit Wählscheibe kannte man zwar auch im Westen, aber das Hausbuch, in das jeder Westbesuch zwingend einzutragen war, gab es nur in der DDR. Ehrenwimpel erinnern an die hervorragenden Leistungen des Kollektivs, die damals gerne in geselliger Runde gefeiert wurden. Darüber hinaus findet man ein altes Luda-Spiel, ein Tischfußballspiel, wie es das nur im Arbeiter- und Bauernstaat gab. Bei manchen werden da sicherlich alte Glücksgefühle geweckt.

TIPP

Seine vielen Fragen darf man der ehrenamtlichen Museumsaufsicht jederzeit gerne stellen.

Welche Schätze befinden sich in den anderen Zimmern? In der Küche steht noch ein Kohleofen und gleich daneben der MAJOMAT (ein original Magdeburger Joghurtautomat). Im Schrank sieht man uralte Gläser mit eingelegten Erdbeeren stehen. Ob sie heute noch genießbar sind? Zum Glück gab es schon Tauchsieder, denn aus dem Wasserhahn kam ausschließlich kaltes Wasser. Gute Wärme erzeugte auch der in jedem Wohnzimmer typische Ofen. „Einmal angeschmissen, wärmte er die ganze Nacht“, erinnern sich die Magdeburger gern zurück. Aber nicht nur der, wie man schmunzelnd feststellen muss. Die großzügige Spirituosensammlung deutet auf eine sehr lebhafte Zeit hin. Und Erich Honecker hatte immer alles im Blick, verrät sein Wandporträt direkt neben dem Ehebett. Zum Glück war das Aufhängen seines Konterfeis nicht zwingend erforderlich. Verpflichtend war eher das Fahnenhissen aus dem Fenster am 1. Mai.

Wenn man so durch die Zimmer läuft, kann man sich das Alltagsleben in der ehemaligen DDR nicht nur gut vorstellen, sondern man ist für einen kurzen Moment mittendrin.

- DDR-Museumswohnung, Hohepfortestraße 61, 39106 Magdeburg
- ÖPNV: Straßenbahn 2, Haltestelle Agnetenstraße

Unverbaute Blick

34 Auf der Bank an der Zollstraße auf Werder

Magdeburg mal aus einer völlig anderen Perspektive zu betrachten, das bieten die vereinzelten Sitzbänke in der Zollstraße auf der Elbinsel Werder. Und damit diese Aussicht nicht gestört oder behindert wird, wurden Glasfenster in die etwa 1 Meter hohe Wand eingelassen. Da hat jemand mitgedacht!
Keiner muss über die Mauer ragen, um aufs Wasser zu schauen. Von hier aus hat man einen tollen Blick auf die Strandbar, den Campingplatz und das bunte Treiben an der Uferpromenade. Ein guter Grund, dem sonst eher unspektakulären Teil von Werder einen kleinen Besuch abzustatten. Eigentlich ist die 3,6 Quadratkilometer große Elbinsel zweigeteilt und klar abgegrenzt: Links liegen die Wohnungen und Häuser und rechts geht man in den Park. Die Sitzbänke mit Glasfensterfront befinden sich im bewohnten Viertel, in einer sogenannten Anliegerstraße. Auf Werder leben ungefähr 3100 Menschen – die meisten sind wahrscheinlich in den beiden großen Wohnblöcken gleich am Eingang des Viertels untergebracht. Von hier aus gelangt man auch auf die Zollstraße, die parallel zur Elbe verläuft.
Werder ist einer der ruhigsten Stadtteile von Magdeburg. Es sind selten Touristen zu sehen und nur wenige Spaziergänger oder Jogger. Auch Einkaufsmöglichkeiten wird man vergeblich suchen. Die einzige Anlaufstelle ist die Bäckerei Beims in der Parallelstraße. Hier findet man Ruhe! Und das Schöne ist: Den Ausflug zur „Bank mit Aussicht" kann man prima mit einem Rundgang von circa 3,2 Kilometern verbinden, um über die andere Seite zurück zur Altstadt zu gelangen oder direkt in den benachbarten Stadtpark zu kommen, der sich ebenfalls auf der Insel befindet. Aber der wohl schönste Sitzplatz ist hier.

- Sitzbank mit Aussicht, Zollstraße auf Werder, 39114 Magdeburg
- ÖPNV: Straßenbahn 4, 6, Haltestelle Gartenstraße

Geheimes Plätzchen

35 An der Flussmündung der Klinke in die Elbe

Jedem ist bekannt, dass die Elbe durch Magdeburg fließt. Aber fast keiner weiß, dass Magdeburg an einem weiteren Fluss liegt. Der kleine, gerade mal 7,7 Kilometer lange Seitenfluss namens Klinke verläuft durch den Nordwesten und mündet schließlich zwischen Klosterbergegarten und dem Stadtteil Buckau in der Elbe. Genau an dieser Stelle befindet sich ein wunderbarer Glücksort, fast ein Geheimplatz, den kaum einer kennt.

Man muss schon bis zum Ende des Volksparks laufen, entlang der ehemaligen Eisenbahnschienen, bis zur Rechtskurve. An dieser Stelle tritt eine steinerne Treppe hervor, etwas versteckt hinter Bäumen. Klettert man diese hinab, gelangt man zur künstlich angelegten Mündung. Bei Hochwasser ist dies allerdings nicht möglich. Mehr Glück hat man während der regenarmen Monate im Frühling und Sommer. Dann ist der Bach ruhig und knöcheltief. Von hier aus blickt man direkt auf den Rotehornpark und die Sternbrücke. Bis auf ein paar Enten, die gerne in der Klinke planschen, ist es hier ziemlich ruhig. Das wundert ein wenig, bei der exzellenten Lage! Vielleicht läuft mal ein Hund entlang und manchmal sieht man auch spielende Kinder, die vorsichtig über den Steg balancieren.

Nur eines sollte man auf keinen Fall: von hier aus ins Wasser steigen. Auch wenn die Geschichtsbücher anderes erzählen. Heute eignet sich die Elbe nicht mehr zum Baden. Der Strom und der Schiffsverkehr sind zu gefährlich und die Wasserqualität lässt leider auch zu wünschen übrig.

Man kann den Platz ebenso von der anderen Seite von Buckau aus erreichen. Auch hier verlässt man den vorgesehenen Parkweg durch die Böschung hinunter zur Aussichtsplattform. Nur der umgekippte Baum fällt etwas aus der Reihe, eignet sich aber prima zum Sitzen. Man kann hier ungestört picknicken, Vögel beobachten oder einfach seinen Blick schweifen lassen.

- Platz an der Klinke, Ende Benediktinerstraße (gegenüber der Gaststätte Elbelandhaus), 39104 Magdeburg
- ÖPNV: Straßenbahn 2, 5, 8, Haltestelle Benediktinerstraße/Gesellschaftshaus

Vom Stall zum Kino

36 Kulturzentrum Moritzhof in der Neuen Neustadt

Kultur braucht Raum und eine Begegnungsstätte, wo Konzerte, Kino und Kaffee regelmäßig angeboten werden können. Der Moritzhof in der Neuen Neustadt hat genau diesen Anspruch und ist definitiv eine Bereicherung für diesen Stadtteil. Die Besucher kommen von überall her und sie lieben die besondere Atmosphäre, die sich bereits im historischen Innenhof ausbreitet.
Tatsächlich handelt es sich hierbei um einen 200 Jahre alten ehemaligen Bauernhof, eines der wenigen Zeitzeugnisse des landwirtschaftlichen Lebens im 19. Jahrhundert. Wo einst Kühe und Schweine standen, befinden sich heute Bühne und Leinwand. Die Kinosäle heißen entsprechend Scheune, Stall und „Unterm Dach". Das Motto des Kulturzentrums, „anders-spannend-täglich", sorgt für ein nahezu täglich wechselndes Programm vom Lichttheater über Poetry Slam und Lesung bis zum Puppenspiel.
Wer Lust hat, kann auch abends (und an Wochenenden schon früher) spontan vorbeikommen und es sich bei gutem Wetter im Biergarten und Hofcafé mit einem Glas Wein oder einer Tasse frisch gemahlenem Kaffee gemütlich machen. Vielleicht entdeckt man im Kulturprogramm noch einen spannenden Film außerhalb des Mainstreams oder man stöbert im öffentlichen Bücherregal, einer umgebauten Telefonzelle, nach einer interessanten Lektüre. Aber die wirklich spannenden Augenblicke hat man meist mit den Menschen. Hier trifft man nicht nur Freunde, sondern lernt jede Menge neue Leute kennen. Teil des Kulturprogramms zu werden, ist auch die Philosophie des Moritzhofs: „Wer Kunst liebt und braucht, kann sie auch bestens mitgestalten." Jeder ist dazu eingeladen, auf irgendeine Weise mitzuwirken. Sei es in Form einer Vereinsmitgliedschaft, einer ehrenamtlichen Mitarbeit oder eines Praktikums. Das Gelände (ein Vierseitenhof) steht übrigens unter Denkmalschutz und gehört der Stadt Magdeburg. Doch der künstlerische und administrative Betreiber ist der ehrenamtliche Verein ARTist!, an den man sich gerne mit Ideen wenden kann.

- Kulturzentrum Moritzhof, ARTist! e. V., Moritzplatz 1, 39124 Magdeburg, Tel. (03 91) 2 57 89 32, www.moritzhof-magdeburg.de
- ÖPNV: Straßenbahn 1, 8, 9, 10, Haltestelle Nicolaiplatz

Karten
KulturKasse

In Erinnerung rufen

37 Auf Spurensuche im Magdeburger Stadtarchiv

Zugegeben, das Stadtarchiv ist vielleicht nicht der Ort, an dem man einen Glücksort vermutet. Sollen alte Unterlagen in dicken Mappen etwa glücklich machen?
Wer so denkt, hat ein Archiv vermutlich noch nie betreten. Es geht nicht um das Wälzen in staubigen Akten, sondern um die Entdeckung unzähliger Originalquellen, also echter Schätze aus vergangenen Epochen. Das unterscheidet das Archiv von der Bibliothek. Man stößt hier auf Urkunden, Karten, Briefe, Fotos, Zeitungen und Bücher, die zu jener Zeit angefertigt wurden. Viele, die hierherkommen, suchen aber nach einer ganz bestimmten Sache! Sie betreiben Genealogie (Ahnenforschung) und versuchen, den eigenen Stammbaum zu rekonstruieren. Dies ist hier im Lesesaal mit der kostenfreien Plattform Ancestry möglich.

TIPP

Unbedingt mal Veranstaltungen wie die Stadtgeschichtlichen Sommerabende besuchen.

Das Besondere am Magdeburger Archiv sind seine umfangreichen Bestände: Hier gibt es zeitgenössische Drucke zur Geschichte ab dem 16. Jahrhundert, ein Geburtenregister und Heiratsregister ab 1874 und zeitgenössische Originalfotografien aus den 1920er-Jahren. Zudem findet man 7500 laufende Meter Archiv-, Schrift- und Sammelgut. Eine interessante, fesselnde Spurensuche der eigenen Herkunft beginnt. Wen interessiert es nicht, bis wohin die eigenen Verwandtschaftsbeziehungen gehen und über welche Kontinente sich diese erstrecken? Im Archiv geht es nicht um abstrakte Sachverhalte, sondern um Menschen mit einer persönlichen Geschichte, deren historischer Kontext wieder aufleben kann.
Im Unterschied zum digitalen Informationsüberfluss der heutigen Zeit, bei dem man sich auf die Richtigkeit der Quellen oft nicht mehr verlassen kann, findet man im Stadtarchiv echte Originale. Man sucht hier natürlich nicht nur nach seinen Ururgroßeltern, sondern kann auch der Geschichte bestimmter Straßen und Gebäude nachgehen. Ein Besuch im Stadtarchiv ist Meditation, weil man die Zeit beim Auswerten der Quellen schnell vergessen kann. So wundert es nicht, dass man in diesem Recherche-Flow sein ganz persönliches Glück erfahren kann.

● Stadtarchiv Magdeburg, Mittagstraße 16, 39124 Magdeburg, Tel. (03 91) 5 40 29 12
www.magdeburg.de/stadtarchiv
● ÖPNV: Straßenbahn 1, 8, 9, 10, Haltestelle Mittagstraße

Den freien Tag vertrödeln

38 Der Magdeburger Sonntags-Flohmarkt

Warum sind Flohmärkte bei vielen so beliebt? Die einen finden es spannend, antike, längst vergessene Stücke zu entdecken. Andere sammeln etwas Bestimmtes und finden hier das noch fehlende Teil. Weitere wiederum kommen gerne mit Leuten ins Gespräch, haben Spaß am Feilschen und Schnäppchen jagen. Wieder andere schlendern ohne Plan über den bunten Markt und lassen sich inspirieren, ohne etwas bewusst kaufen zu wollen.

Die Motivation kann sehr unterschiedlich sein, aber letztlich zieht es viele über den bunten Markt – und solche gibt es in Magdeburg zur Genüge. Der größte und damit abwechslungsreichste Trödel- und Secondhandmarkt ist der Magdeburger Sonntags-Flohmarkt, der jeden ersten Sonntag im Monat unter freiem Himmel – nämlich auf dem Parkplatz des Gebäudes 40 am UniCampus– stattfindet. Veranstaltet wird der beliebte Trödelmarkt von der gemeinnützigen Organisation Familienhaus Magdeburg, die sich darüber hinaus in vielen sozialen Bereichen der Familienbildung, Beratung und Selbsthilfe engagiert. Der Flohmarkt ist eines der vielen schönen Angebote, das Menschen aus Magdeburg und Umgebung zusammenbringt.

Schon um 7 Uhr morgens kommen die Händler mit vollbepackten Pkws auf die Wiese, ziehen den Klapptisch aus, positionieren den Sonnenschirm und holen ihre Ware aus Umzugskisten, um sie 1 Stunde später den ersten Besuchern zu präsentieren. Manchen sieht man ihre Routine richtig an. Andere sind Laien wie du und ich, die einfach einmal ihren ausrangierten Trödel loswerden wollen. Hier sind wirklich hübsche Teile dabei: kaum getragene Sommerkleider, Vintage-Umhängetaschen, ein Stapel CDs mit Popmusik aus den 90ern oder alte Bücher mit Gedichten. Es gibt viele Anbieter mit Kinderkleidung und Spielzeug, andere haben wohl den Dachboden der Großmutter geleert und präsentieren hier ihre Broschen, Bilderrahmen und das gute Porzellan. Jedes Teil hat ganz sicher eine Geschichte, und wenn man Glück hat, erzählt sie der Verkäufer persönlich.

- Magdeburger Sonntags-Flohmarkt, Zschokkestraße 32, 39104 Magdeburg
www.familienhaus-magdeburg.de
- ÖPNV: Straßenbahn 1, 2, 4, 6, 8, 9, 10, Haltestelle Opernhaus,
ca. 650 Meter Fußweg

Eingelocht!

39 Minigolfanlage mit Bayerischem Biergarten

Hier draußen am Rande von Olvenstedt, direkt am Florapark, am Gartenverein Sonnenbraut und in der Nähe des berühmten Holzweges, der für seine jährliche Kirschblüte bekannt ist, befindet sich die kleine urige Minigolfanlage mit Bayerischem Biergarten. Alle paar Wochen werden hier von April bis Oktober nette Events veranstaltet, damit das Einlochen nicht langweilig wird. Offizielle Feste wie Ostern, Vater- und Muttertag werden natürlich gebührend gefeiert. Aber auch Abschlussfeiern, Kindertage, das Bayerische Fest und andere Jubiläen bieten einen schönen Anlass, um mit seinen Liebsten vorbeizukommen und die bunten Bälle alle 18 Bahnen entlangzujagen.

Beliebt ist auch das Firmen-Minigolf-Event Fimigo. An diesem Tag treten Unternehmen gegeneinander an und stellen ihren Sportgeist im wahrsten Sinne des Wortes unter Beweis. Und natürlich darf man das jährliche Mitternachtsgolfen nicht verpassen. Sobald es dunkel wird, leuchten die Fackeln. Es gibt ein Lagerfeuer, Livemusik und jede Menge Sitzbänke im kleinen Biergarten unter den Kastanienbäumen. Doch zunächst holt sich jeder seinen Schläger ab, versorgt sich mit genügend Erfrischungsgetränken und klemmt sich das Spielprotokoll ans Brettchen. Natürlich wird dokumentiert, wer die wenigsten Schläge aufbringen muss, um seinen Ball im Loch zu versenken. Das ist gar nicht so einfach. Man fragt sich mit jeder neuen Bahn, ob es mathematisch überhaupt möglich ist, den Ball ins Ziel zu führen.

Bahnen mit den recht passenden Bezeichnungen Vulkan, Labyrinth oder Blitz zeigen deutlich, dass es nicht nur auf Geschicklichkeit oder ein ruhiges Händchen ankommt, sondern oft auf ganz viel Glück! Und sobald das Ding endlich eingelocht ist, lässt sich der Jubel akustisch nicht mehr zurückhalten. Wer sich am geschicktesten angestellt hat, erfährt es bei der Auswertung um Mitternacht. Übrigens ist für den kleinen und großen Hunger gesorgt, selbstverständlich mit ein paar typisch bayerischen Spezialitäten.

● Minigolfanlage & Bayerischer Biergarten Magdeburg, Lerchenwuhne 85, 39128 Magdeburg, Tel. (01 77) 2 47 74 64, www.minigolfanlage-magdeburg.de
● ÖPNV: Bus 71, Haltestelle Florapark-Garten

Löffelweise Glück

40 Zu Gast beim Suppenkaspar am Opernhaus

Eigentlich ganz einfach und trotzdem lecker, sättigend und voller Nährstoffe: die Suppe. Und deshalb ist es besonders unter Studierenden und Berufsschülern in Magdeburg ganz üblich, seine Mittagszeit beim Suppenkaspar zu verbringen. Das liegt vor allem an der perfekten Lage direkt am Opernhaus und zwischen beiden Unigeländen. Hier gibt es gekochtes Gemüse sogar schon ab 7 Uhr morgens, und das soll den Körper von innen wärmen und den Kreislauf anregen – genau das Richtige für lernende Frühaufsteher. Zugegeben, der Name Suppenkaspar ist ein bisschen verwirrend, wenn man die Geschichte dahinter kennt. Schließlich beschrieb der Kinderbuchautor, Arzt und Psychiater Heinrich Hoffmann (19. Jahrhundert) im „Struwwelpeter" ein kleines Kind auf diese Weise, das seine Suppe nicht aufessen möchte. Dies würde beim Suppenkaspar in Magdeburg natürlich nie passieren! Denn der Laden ist sehr beliebt, nicht nur beim jungen Publikum – und trotz reduzierter Öffnungszeiten bis Mittag. Es gibt schließlich ja nicht nur Suppe!

Mitarbeiter umliegender Firmen decken sich auch gerne mit Snacks ein und genießen ebenfalls mal ein deftiges Essen wie Schweinebraten, Rahmgeschnetzeltes oder Kohlroulade. Aber auch süße Speisen wie Milchreis mit Apfelmus können hier an den vorhandenen Hochtischen oder am Fenster verspeist oder mitgenommen werden. Das Hauptaugenmerk liegt aber immer noch auf der Suppe: Für maximal 5,50 Euro freut man sich auf eine wöchentlich wechselnde Auswahl fleischhaltiger, vegetarischer und veganer Variationen. Wie wäre es mit einer schmackhaften Tomaten-Mozzarella-Cremesuppe, einer Käse-Lauch-Cremesuppe mit Hack oder einer Tomaten-Gemüse-Reis-Suppe? Wie sagt man hier so schön: Der Suppenkaspar ist keine Fünf-Sterne-Gastronomie für wenige, sondern ein liebevolles und gutes Essen für alle. Und das schmeckt man mit jedem Löffel.

TIPP

Der Suppenkaspar bietet auch Catering für private und betriebliche Feiern an.

- Suppenkaspar, Erzbergerstraße 2, 39104 Magdeburg, Tel. (03 91) 5 63 91 78
www.suppenkaspar-magdeburg.de
- ÖPNV: Straßenbahn 1, 2, 4, 6, 8, 9, 10, Haltestelle Opernhaus

Endstation Badestrand

41

Das Naherholungszentrum Barleber See

Zu den schönsten Stränden in Deutschland zählen die Inseln Sylt, Borkum und Binz auf Rügen. Aber auch der Bodensee, Chiemsee und die Lübecker Bucht sind gern besuchte Badeorte. Doch gern besucht heißt meist auch überfüllt, ausgebucht und überteuert. Nicht so in Magdeburg. Denn hier hat man den Barleber See, ein tolles Strandbad und ein Naherholungszentrum.

Prima, wenn der Urlaub nur einen Katzensprung entfernt ist. Während andere stundenlang im Pkw Richtung Meer düsen, haben Magdeburger schon längst ihre Sonnenschirme aufgeschlagen, das Schlauchboot zu Wasser gelassen und die ein oder andere Bratwurst verdrückt. Im Norden von Magdeburg liegen der Barleber See I und II. Aber nur einer davon, der erste See, wird als Badestrand genutzt. Und die Sand-, Wiesen- und Wasserqualität ist ausgezeichnet. Wenn die offizielle Badesaison Mitte Mai beginnt, öffnen die Gaststätten und die Rettungsschwimmer gehen in Position. Es gibt tolle Freizeit- und Sportmöglichkeiten: Beachvolleyball, Schnorcheln, Segeln und Rudern. Da die Region um die beiden Barleber Seen ein Vogelschutz- und Naherholungsgebiet ist, lohnen sich auch längere Wanderungen und Radtouren. Vielleicht sogar bis zum 6 Kilometer entfernten berühmten Wasserstraßenkreuz. Eine echte Sensation!

Am Barleber See kann man auch Zelten und Campen. Der Stellplatz ist für 650 Dauercamper und 220 Touristencamper vorgesehen. Viele Magdeburger schätzen diese besondere Lage und haben hier ihren Wohnwagen stehen. Warum also Warnemünde oder Timmendorfer Strand, wenn man sogar mit der Straßenbahn in einer halben Stunde vom Zentrum aus hier sein kann? Einfach bis zur Endstation fahren und circa 20 Minuten nordwärts laufen. Nicht irritieren lassen von der Sandanlage auf der rechten Seite. In den 1930er-Jahren wurde hier Kies zum Bau der Autobahn und des Mittellandkanals abgetragen, was auch der Grund ist, warum es die ungefähr 11 Meter tiefen Seen überhaupt gibt. Also, Badehose einpacken, der Urlaub ist zum Greifen nah.

TIPP

Besonders im Sommer ein sehr beliebter Platz fürs Volleyballspielen.

- Naherholungszentrum Barleber See, Tucheimerstraße 3, 39126 Magdeburg
- ÖPNV: Straßenbahn 10, Haltestelle Barleber See

Dem Himmel entgegen

42

Turmführung auf dem Magdeburger Dom

Wer an Magdeburg denkt, hat sofort den gotischen Dom im Sinn. Das zweitürmige Bauwerk ist das Wahrzeichen der Stadt und kann locker mit den großen Kirchen in Köln, Speyer oder Aachen mithalten. Auch die Magdeburger wollten hoch hinaus. Im Jahr 1209 schließlich begann man mit dem Bau der Kathedrale und vollendete das 104 Meter hohe Bauwerk 300 Jahre später. Den wuchtigen Nordturm St. Mauritius kann man besteigen. Es sind sage und schreibe 433 Stufen bis zum Glück und wer es bis hier oben geschafft hat, kann tatsächlich mit einer Endorphinausschüttung rechnen. Die Aussicht ist überwältigend. Wenn das Wetter gut ist, kann man sogar den 79 Kilometer entfernten Brocken (Luftlinie) im Harz sehen.

Der Aufstieg ist allerdings nur während einer Gruppen-Turmführung möglich – nicht zu verwechseln mit der allgemeinen Domführung – und man sollte nur mit ausreichend Kondition und einem festen Schuhwerk teilnehmen. Die Führung findet in der Regel freitags bis sonntags statt. Sie ist kostenpflichtig und wird von ehrenamtlichen Mitarbeitern der Kirche angeboten. Es gehen immer mindestens zwei Domführer mit, um die Sicherheit zu gewährleisten. Das Treppenhaus im Inneren des Turmes wird nach oben immer schmaler. Schwindelfrei muss man hier sein! Kurze Verschnaufpausen gibt es im Glockenstuhl, den man auf dem Weg nach oben passiert. Hier kann man die drei imposanten Kirchenglocken bewundern (acht weitere sollen bald hinzukommen, eine weitere steht im linken Domflügel). Die größte Glocke ist ganze 9 Tonnen schwer und man kann froh sein, dass sie heute vollständig mechanisch bedient wird. Während der 2-stündigen Führung erfährt man viel Interessantes, zum Beispiel was es mit den Inschriften im Treppenhaus auf sich hat oder warum die Kreuzblume auf dem Nachbarturm Katharina fehlt. Geschichten, die man so nirgends nachlesen kann. Hat man die Spitze endlich erklommen, ist man auf eine gewisse Weise ergriffen. Eine so schöne Aussicht hat man kein zweites Mal!

TIPP

Hier oben kann es ganz schön zugig werden. Kopfbedeckung nicht vergessen!

- Magdeburger Dom, Am Dom 1, 39104 Magdeburg, Tel. (03 91) 5 41 04 36 www.magdeburgerdom.de
- ÖPNV: Straßenbahn 2, 5, 10, Haltestelle Domplatz

Genussvolle Auszeit

43 Zu Besuch in der Weinzeit Magdeburg

„Geld allein macht nicht glücklich, man muss schon Wein davon kaufen", lautet ein Sprichwort, und wo kriegt man in Magdeburg den besten? In der Weinzeit natürlich. Mit dieser Weinbar im Herzen der Altstadt hat sich die Gründerin und Weltenbummlerin Birgit Thumm einen echten Traum erfüllt. Sie bereiste den afrikanischen Kontinent, besuchte Italien und Österreich – alles Orte, wo gutes Essen auf guten Wein trifft – und hatte eine Idee. Sie wollte dieses Feeling mit nach Hause nehmen, einen Ort schaffen, an dem sich Menschen gerne treffen, entspannt plaudern und dazu ein gutes Glas Wein genießen. In der Himmelreichstraße, einer Seitenstraße zwischen Allee Center und Grüner Zitadelle, fand sie die passende Location. Große Fenster im neobarocken Stil erlauben einen Blick in das einladende Interieur: hohe Decken, dunkle Wände, Schwarz-Weiß-Fotografien (für die die Inhaberin auch gern mal extra nach Paris reist), hölzerne Tische, prall gefüllte Weinregale und besonders herausstechende Deckenleuchten direkt über der Bar. Vintage meets Barock.

Der Raum ist übersichtlich, aber aufgrund der Anordnung wird dennoch genügend Privatsphäre geboten. Wer ohne Reservierung kommt, wird wahrscheinlich warten müssen, kann aber in der Zwischenzeit auf das Angebot Wein to go zurückgreifen oder in die obere Etage gehen, wo allerdings Selbstbedienung gilt – das kann bei den steilen Stufen mit einem Glas Wein in der Hand schon mal eine Herausforderung werden.

Die Atmosphäre ist hier ganz besonders: Bei der individuellen Weinverkostung und persönlichen Beratung können die Gäste den Wein finden, der zu ihrem Geschmack passt. Dazu gibt es kulinarische Ergänzungen wie Flammkuchen, lecker belegte Bagels, eine Schinken- und Käseauswahl oder selbst gebackenen Kuchen. Neben einer sorgfältigen Auswahl exquisiter Weine kann man auch Kaffee oder Tee trinken, heiße Schokolade schlürfen oder sich mit einer Schorle erfrischen. Die Weinzeit ist ein perfekter Ort, um all die schönen Dinge miteinander zu verbinden.

- Weinzeit Magdeburg, Himmelreichstraße 2, 39104 Magdeburg, Tel. (03 91) 59 84 22 90, www.weinzeitmagdeburg.de
- ÖPNV: Straßenbahn 2, 5, 10, Haltestelle Goldschmiedebrücke

Seine Wurzeln erkunden

44 Ausflug ins Steinzeitdorf Randau

Wir Menschen waren nicht immer so, wie wir sind. Zumindest haben wir uns im Laufe der letzten paar Millionen Jahre ganz schön verändert. Die uns heute entsprechende Form wird in der Geschichtsschreibung mit dem Homo sapiens erklärt. Der Einschnitt vor circa 40.000 Jahren fand mit der allmählichen Anfertigung von Alltagsgegenständen wie Kleidung, Waffen und Kochutensilien statt. Dazu benötigte es eine gewisse Form von Intelligenz, deshalb auch die Bezeichnung Homo sapiens, der „denkende Mensch". Doch wie genau sah der Alltag unserer Urahnen, der Jäger und Sammler, aus und ab wann wurden sie sesshaft?
Dies und mehr erfährt man im 2 Hektar großen Freilichtmuseum am Stadtrand von Magdeburg. Im dünn besiedelten, südöstlich gelegenen Stadtteil Randau-Calenberge steht das älteste Haus Mitteldeutschlands.

TIPP

Kinder unter 10 Jahren haben freien Eintritt.

Die Rekonstruktion des Steinzeitdorfes basiert auf einer tatsächlichen Ausgrabung eines circa 4500 Jahre alten Dorfes in dieser Region (dargestellt werden hier insgesamt drei Epochen). In der Jungsteinzeit – auch Neolithikum bezeichnet – wurden die Menschen sesshaft. Sie bauten Häuser aus Lehm und Dächer aus Schilf. Aber wie fühlt es sich an, ein fensterloses Haus zu betreten, in dem einst 20 Personen gemeinsam mit ihren Nutztieren lebten? An den Einrichtungsgegenständen kann man sich ein grobes Bild machen, wie der Alltag vor Tausenden von Jahren ausgesehen haben muss. Unsere Vorfahren backten Brote, stellten Tontöpfe her, nähten Kleider, pflanzten Kräuter an und übten sich im Umgang mit Pfeil und Bogen.
Als Besucher darf man die Gegenstände, anders als man es in Museen kennt, sogar anfassen und ausprobieren. Man vergisst für ein paar Stunden die moderne Welt und taucht ein in eine längst vergessene Epoche. Die Beschäftigung mit der Vergangenheit hat oft eine identitätsstiftende Wirkung. Die Frage danach, wer wir sind und wohin wir gehen, lässt sich besser beantworten mit jener Frage, woher wir kommen. Das ruft eine gewisse Form von Demut und tiefer Dankbarkeit hervor.

- Steinzeitdorf Randau, Müllerbreite 40, 39114 Magdeburg
  www.steinzeitdorf-randau.de
- ÖPNV: Straßenbahn 4, Haltestelle Pechauer Platz, dann Umstieg in den Bus 56, Haltestelle Randau Müllerbreite, ca. 500 Meter Fußweg

Schön entspannt bleiben!

45 Die Bank für Faule im Herrenkrugpark

„Für Unglückliche Ruhe, für Alte und Leidende Erholung." Dafür steht das in die Sandsteinbank gemeißelte Akrostichon FÜR FAULE und keiner kennt so richtig die wahre Bedeutung. Handelt es sich hierbei um eine Faulenzerbank mitten im wunderschönen Herrenkrugpark? Oder ist es doch eher eine Bank für Spaziergänger, die sich hier aufgrund ihres hohen Alters oder ihrer Gebrechlichkeit ausruhen müssen?
Wer sich auf den Weg zur „faulen Bank" macht, wird auf jeden Fall dreifach belohnt: Hier draußen im 64 Hektar großen Park ist man weit entfernt von seinen Alltagsaufgaben. Die alten Bäume (darunter auch die 1000 Jahre alte Eiche) sind bewundernswert und sie schenken genügend Schatten in warmen Sommermonaten. Außerdem kann man den Ausflug wunderbar mit einem Besuch im Parkrestaurant DIE SAISON, im Biergarten oder im Café Verde verbinden.
Hübsch ist die über 200 Jahre alte Bank mit ihren Verzierungen und Wölbungen allemal, bequem ist aber etwas anderes. Da gibt es sicherlich bessere Sitzgelegenheiten in einem der schönsten und ältesten Parks der Stadt. Warum also ist die „faule Bank" dennoch einen Besuch wert? Ganz einfach: Dieses außergewöhnliche Kulturdenkmal erinnert uns in Zeiten ständiger Betriebsamkeit an die Vorzüge des Nichtstuns. Und während man hier für einen Moment Platz nimmt und zur Ruhe kommt, seine Sinne schärft und den Blick in die Natur richtet, stellt sich innere Zufriedenheit ein. Einfach so, ohne etwas dafür tun zu müssen, als säße man auf einer Zauberbank. Glücksforscher und Psychologen kennen diesen Effekt des glücklichen Faulenzens. Und das ist kein Geheimnis: Jeder von uns weiß genau, wie gut kleine Auszeiten im Alltag helfen. Wer regelmäßig und ausreichend pausiert, ist ausgeglichener, konzentrierter, fitter und besser gelaunt. Viele helfen sich heute mit Apps, Fitness-Trackern, gehen zum Yogakurs oder üben sich in Meditation. Aber es geht viel einfacher. Diese Bank erinnert auf eine nette Weise daran.

- Bank für Faule, Herrenkrug 3, 39114 Magdeburg
- ÖPNV: Straßenbahn 6, Haltestelle Herrenkrug

Immer den Fußstapfen nach

46

Mit der Machdeburg-App zum Kloster

Bei dieser Tour muss man sich weder nach irgendwelchen Uhrzeiten richten noch Ausschau nach dem roten Regenschirm halten. Denn diese digitale Stadtführung kann man ganz individuell und von überall per App erleben. Dafür braucht man nur sein Handy und die Machdeburg-App von MDCC, die man sich kostenlos herunterladen kann. Die Inhalte der 2016 ins Leben gerufenen App lassen sich überall dort abrufen, wo sich orangene Fußstapfen auf dem Bürgersteig befinden – meistens vor touristischen Wahrzeichen. Auf diese Weise kann man sich über kulturelle, architektonische oder geschichtliche Besonderheiten informieren und den Ort ganz neu entdecken. Die Machdeburg-App wird andauernd erweitert und ihr Name ist natürlich kein Schreibfehler. Basierend auf der Mundart, wird sie als kleine Aufforderung verstanden, „etwas selbst zu machen".

TIPP

MDCC bietet noch mehr als einen Stadtrundgang: Podcast, Quiz und freies WLAN (otto hotspot).

Und so ist es: Am besten beginnt man die Tour direkt am Kloster Unser Lieben Frauen, das sich in unmittelbarer Nähe zum Dom, zur Grünen Zitadelle, aber auch zum Fürstenwall befindet – die perfekte Ausgangslage also für einen kleinen Stadtrundgang. Das Kloster, in dem schon lange keine Nonnen mehr leben, stammt aus dem 11. und 12. Jahrhundert und gehört zu den ältesten Bauwerken dieser Stadt. Heute befindet sich darin das Kunstmuseum unter dem passenden Motto „Moderne Kunst in alten Mauern". Das alles verrät die App, mit der man sich einen spannenden 3-minütigen Film über das Kloster anschauen kann.

Früher war hier das Pädagogium (Klosterschule) samt Klosterbibliothek untergebracht. Heute werden im Marienstift vor allem Orgelkonzerte aufgeführt. Am beeindruckendsten ist immer noch die teils original erhaltene mittelalterliche Architektur, die heute noch als wichtige Quelle für die Geschichtsforschung dient. Man sollte auch einen Blick in den umliegenden und dazu noch frei zugänglichen Skulpturenpark werfen. Die App verspricht eine „besinnliche Ruhepause" im Klostercafé, das seine Location bei gutem Wetter gerne auch nach draußen verlegt.

- Machdeburg-App von MDCC, zum Beispiel Beginn am Kloster Unser Lieben Frauen, Regierungsstraße 4–6, 39104 Magdeburg
www.mdcc.de/ueber-mdcc/wir-fuer-magdeburg
- ÖPNV: Straßenbahn 2, 5, 10, Haltestelle Leiterstraße

MDCC

Erinnerungen wach klingeln

47 Schaufenster des Handyladens im Breiten Weg

Es ist ein wenig wie mit den Sammelfiguren aus Überraschungseiern. Je älter, desto wertvoller. So ist es auch mit den Handys. Alte Handys sind wahre Schätze und echte Sammlerstücke. Modelle wie das Nokia 1011 oder Siemens S3 gehören zu den ersten kommerziellen Mobilfunkgeräten. Das wohl älteste Urgestein ist das Motorola DynaTAC 8000X aus den 1980ern. Es wog 800 Gramm, hatte eine 200 Millimeter lange Antenne und kostete 4000 US-Dollar. Dafür hatte man einen Speicherplatz für 30 Kontakte und eine Akkulaufzeit von 1 Stunde. Aus heutiger Sicht kaum zu glauben.

Seit mehr als 2 Jahrzehnten sind Mobilfunkgeräte unsere ständigen Begleiter. Kein Wunder, dass man ganz sentimental wird beim Anblick alter Modelle, wie zum Beispiel im Schaufenster des Handyladens im Breiten Weg. Hier befindet sich das Handymuseum. Natürlich kein offizielles, sondern eigentlich eine nette Schaufensterdeko. Man entdeckt richtig alte Geräte, die man sicherlich selbst einmal besessen hat. Immerhin tauschen wir unsere Handys im Schnitt alle 4 Jahre. Da kommt einiges zusammen. Wer kann sich noch an sein erstes Modell erinnern? War es auch eines dieser schweren Teile mit Antenne und Gummitastatur, auf der man bald die Buchstaben nicht mehr lesen konnte? Es passte jedenfalls weder in die Hosentasche noch konnte man damit ins Internet gehen. Generell war man noch sehr sparsam mit Anrufen und dem Verschicken von SMS. Wer erinnert sich noch an die Klapphandys, an Snake und an Radioempfang?

Das inoffizielle Handymuseum ist eine echte Zeitmaschine und damit auch ein Glücksort voller Nostalgie. Hier werden alte Erinnerungen wachgerufen. Das Nokia-Modell unten links im Schaufenster steht vielleicht für die unbeschwerte Jugend, das Samsung oben rechts erinnert an die erste Liebe und das iPhone bezahlte man womöglich von seinem allerersten Gehalt.

● Handyladen Magdeburg, Teledata GmbH, Breiter Weg 12, 39104 Magdeburg
● ÖPNV: Straßenbahn 2, 5, 10, Haltestelle Leiterstraße

Sony Ericsson
Museum

Kurz innehalten

48 Der Zeitzähler am gläsernen Elbbalkon

Es ist womöglich einer der schönsten Plätze an der Elbe: Nur wenige Meter nördlich der Hubbrücke befindet sich seit 2010 am ehemaligen Elbbahnhof eine gläserne Aussichtsplattform und eine kugelrunde Skulptur mit integrierten Uhren. Es handelt sich um das Kunstwerk „Lebenszeit" von Gloria Friedmann, einer zeitgenössischen deutsch-französischen Künstlerin, die vor allem für ihre Arbeiten im öffentlichen Raum bekannt geworden ist. Ihre Werke waren in zahlreichen Ausstellungen zu sehen, wie der documenta in Kassel, der Biennale in Moskau oder im Parkview Museum in Singapur.

Die internationale Bauausstellung „Leben an und mit der Elbe" inspirierte Friedmann zu diesem 3 Meter hohen Zeitzähler mit einem Mann auf einer (Welt-)Kugel, dessen Gesicht mit einer Uhr verdeckt bleibt. Sie zeigt die tatsächliche Uhrzeit an. Und wenn man genauer hinschaut, sind in der Kugel weitere Uhren integriert: Sie zeigen, wie spät es am Amazonas, am Mekong, an der Donau oder sogar am Ganges ist. Das Kunstwerk an der Elbe sagt aber noch mehr aus. Es will auf die Lebenszeit aufmerksam machen, darauf, was wir daraus machen. Die meisten Menschen laufen oder radeln an diesem wunderschönen Platz hastig vorbei, ohne die Schönheit um sie herum bewusst wahrzunehmen. Dabei ist ausgerechnet an dieser Stelle der Blick auf die Altstadt links und auf die Hubbrücke rechts besonders lohnenswert. Die gläserne Terrasse verwandelt sich in den Sommermonaten zu einem Tanzparkett. Einmal die Woche versammeln sich Pärchen ganz unverbindlich und tanzen hier Tango. Es bietet sich an, sich im benachbarten Café Am Domfelsen mit Getränken zu versorgen und den Platz ganz auf sich wirken zu lassen.

TIPP

Im Café Am Domfelsen gibt es leckeres Eis mit natürlichen und frischen Zutaten.

Schnell wird man auf Menschen aufmerksam, die die Aussage des Zeitzählers bereits verinnerlicht haben und diese Lebensphilosophie ausstrahlen. Zeitforscher wissen es längst: Nur wer öfters innehält und im Moment lebt, hat mehr von seiner Zeit! Dank dem Zeitzähler wird man das so schnell nicht wieder vergessen.

- Zeitzähler, Zum Domfelsen 1, 39104 Magdeburg
- ÖPNV: Straßenbahn 2, 3, 5, 8, 9, 10, Haltestelle Hasselbachplatz

Funkelnde Fotokulisse

49 Auf der Sternbrücke am Volkspark

Es ist keine 20 Jahre her, dass die Sternbrücke wieder errichtet und unter großem Tamtam eingeweiht wurde. 100.000 Menschen waren 2005 zur Wiedereröffnungsfeier gekommen. Sie bekam auch ihren ursprünglichen Namen zurück, den man ihr bereits 1922 gab. Seitdem ist die Brücke sowohl für Fußgänger und Radfahrer als auch den öffentlichen Personennahverkehr wieder zugänglich. Eigentlich kaum vorstellbar: Denn die Elbüberquerung lag seit Kriegszerstörung ganze 60 Jahre lang brach. Endlich gab es wieder eine Möglichkeit, von der südlichen Altstadt direkt zur Elbinsel Rotehorn zu gelangen. Von hier aus erreicht man schnell den Albinmüller-Turm, die Stadthalle und den schönen Adolf-Mittag See.

Die Sternbrücke ist heute ein beliebter Platz für Straßenmusiker aus aller Welt. Aber auch Biker und Skater haben ihren Spaß auf den verkehrsarmen Straßen. Bei gutem Wetter treffen sich hier Tanzgruppen, die unter freiem Himmel ein paar neue Schritte Lindy Hop einüben. Das macht gute Laune und Lust aufs Mitmachen! Unmittelbar in der Nähe der Stahlbogenbrücke befindet sich westlich der Elbe eine weitere Besonderheit. Hier stehen seit der Wiedereröffnung überproportional große Granitsteine mit eingesetzten handflächengroßen Sternen. Auf diesen sind die Namen der Menschen eingraviert, die diese Aktion monetär unterstützt haben. Ein echter Hingucker, denn die Sterne reflektieren besonders abends die letzten Sonnenstrahlen, was sich gut als Kulisse für coole Fotos eignet. Da man hier keine Nachbarn in unmittelbarer Nähe hat, die man akustisch stören könnte, lassen sich auch größere Veranstaltungen (Party on Boat, Dance-Events, Tanznacht) realisieren. Deshalb wird die Brücke abends und besonders in den warmen Sommermonaten zum beliebten Treffpunkt. Und wenn man Glück hat, sieht man auch nachts die Sterne am Himmel funkeln.

TIPP

Im Sommer befindet sich am Ende der Sternbrücke oft ein mobiler Eisverkauf.

● Sternbrücke, 39104 Magdeburg
● ÖPNV: Straßenbahn 2, 5, 8, Haltestelle Planckstraße

Peter & Rosita
Möhle

Kunst auf der Straße

50 Akrobatengruppe unterhalb der Johanniskirche

Wer in Magdeburg zu Fuß unterwegs ist, wird immer wieder auf Skulpturen im Freien treffen, die in der ganzen Stadt verteilt sind. Einige Kunstwerke sind sehr präsent, andere befinden sich an etwas versteckten Orten. So auch diese im Jahr 1966 aufgestellte bronzene Statue mit der Bezeichnung „Akrobatengruppe" von Joachim Sendler (1934–2005). Sie befindet sich direkt unterhalb der Johanniskirche, mitten im Grün – in einem kleinen Park, den man als solchen nicht sofort erkennt. Doch er eignet sich prima für kleine Spaziergänge außerhalb des Einkaufstrubels.

Der freischaffende Künstler und Hochschullehrer aus Magdeburg beschäftigte sich in seinen Werken intensiv mit Menschen, insbesondere mit dem sozialen Konstrukt Familie, aber auch mit der Thematik Sport. Und so stößt man in der Grünanlage unterhalb der Kirche auf eine menschliche Pyramidenformation, auf die lustigen drei Akrobaten. Eine interessante, verspielte Figurenkomposition, die direkt gute Laune macht, aber auch auf die sportliche und freundschaftliche Ausrichtung der Stadt verweist. Immerhin geht es in der Akrobatik darum, aufeinander zu bauen und den anderen Teilnehmern zu vertrauen, damit die Balance stimmt.

Es ist bekannt, dass Akrobatik eine der ältesten Turnsportarten der Welt ist. Der ganze Körper wird auf spektakuläre Weise miteinbezogen – man denke da an die Saltos, Sprünge und Überschläge. Nicht ohne Grund wird der Akrobat auch Artist, also Künstler genannt. Und darum geht es hier schließlich auch: um erfahrbare, auf der Straße anzutreffende Kunst, die man sich genauer anschauen kann, ohne dafür extra in ein Museum gehen zu müssen. Wo hat man noch so etwas!

Die Akrobatengruppe aus Bronze lädt ein zum Nachdenken – etwa über Sport, Freundschaft, Zusammenhalt und über die Kunstfertigkeit. Und glücklich machen Entdeckungen solcher freistehenden und überall in Magdeburg verteilten Skulpturen allemal.

- Akrobatengruppe, Schleinufer (unterhalb der Johanniskirche), 39104 Magdeburg
- ÖPNV: Straßenbahn 1, 2, 4, 6, 8, 9, 10, Haltestelle Alter Markt

Unterwegs mit LaRa

51 Mit dem Lastenrad zum Klosterbergegarten

Von wegen „Rad ab"! Ist das nicht eine coole Idee: Um den Verkehr in Magdeburg etwas zu entlasten und dennoch größere Besorgungen erledigen zu können oder gar einen Familienausflug mit bis zu vier Kindern zu planen, kann man sein Auto getrost stehen lassen und einfach auf LaRa umsteigen – eines der vielen Lastenräder des Magdeburger ADFC (Allgemeiner Deutscher Fahrrad-Club). Die praktischen Räder kann man kostenfrei für bis zu 3 Tage ausleihen. In Magdeburg ist der Trend zum Rad längst bemerkbar. Ein regionaler Postanbieter nutzt das Lastenrad bereits als Transportmittel und die Uni forscht eifrig zum Thema neue Mobilität und Logistikkonzepte mit diesem Fahrgestell.

Und wie genau läuft das mit dem Ausleihen? Ganz einfach: Man registriert sich auf der Seite des ADFC Magdeburg und schaut im Kalender nach, welches Rad wann zur Verfügung steht. Nachdem man seine Kontaktdaten hinterlassen hat, bekommt man in der Regel wenige Stunden später eine Benachrichtigung, wann und wo man das Lastenrad abholen kann. Auch ein Schloss ist vorhanden, sodass man sofort losdüsen kann.

Wie wäre es nun mit einem Ausflug zum weitläufigen Klosterbergegarten? Die Fahrtstrecke dorthin liegt direkt an der Elbe und ist sehr abwechslungsreich: entlang der Stadtmauer, vorbei am Fürstenwall, am Dom, an der Hubbrücke und an der Reederei Süßenbach. Sobald man die Sternbrücke passiert, liegt einem die 11 Hektar große Parkanlage zu Füßen. Der Klosterbergegarten ist im Stil englischer Landschaftsgärten angelegt und zählt zu den ersten Volksgärten Deutschlands. Man findet hier einen kleinen Teich, einen Spielplatz und ein für Veranstaltungen und Konzerte gern genutztes Gesellschaftshaus. Aber vor allem genießt man die freie Sicht auf die Elbe und die gegenüberliegende grüne Insel. An warmen Tagen eignet sich die unter Denkmalschutz gestellte Parkanlage besonders gut für Freizeitaktivitäten wie Badminton, Jogging oder einfach nur zum Picknicken – das perfekte Ausflugsziel mit dem Lastenrad.

TIPP

Neben LaRa (dem klassischen Modell) gibt's noch Pauline, Täve, Alpaka, Lutzis Laster und Hänrietta.

● Freie Lastenräder des ADFC Landesverband Sachsen-Anhalt e. V.
www.lara-magdeburg.de
● Klosterbergegarten, 39104 Magdeburg

Vor
Fahrt
lösen!
FAHRRADLAND DEUTSCHLAND JETZT!
LaRa fährt dank Spenden

Wenn das nicht cool ist

52 Bei minus 90 Grad in der Kältekammer

Es sind nur 3 Minuten. 3 eiskalte Minuten, die man bei minus 85 bis minus 92 Grad Celsius in der Kältekammer verbringt. Doch diese haben es in sich: Zunächst sollte man eine halbe Stunde einplanen. Man bringt ein großes Handtuch mit, zieht eine Badehose oder einen Bikini an, schlüpft in seine knöchelhohen Socken, in die Badelatschen, stülpt sich Handschuhe über und setzt sich eine Mütze oder ein Stirnband auf. Man atmet ein letztes Mal tief ein und begibt sich dann – unter sorgsamer Anleitung und Aufsicht des Personals – in die Kabine mit großer Glastür, die einer großen Dusche ähnelt.
Zunächst befindet man sich in einem dichten Nebel. Kleine Schneeflocken tanzen sogar durch die Luft und die Naseninnenwände werden mit jedem Atemzug fester und fester. Am besten bewegt man sich langsam zur Hintergrundmusik, damit die Kälte nicht unangenehm wird. Nur sollte man keine ausschweifenden Bewegungen machen, sonst geht viel Körperwärme verloren. Wie fühlen sich minus 90 Grad an? Komischerweise nicht annähernd so unangenehm wie eine kalte Dusche. Es ist eine trockene Kälte, die die Haut zum Kribbeln bringt. Nach der Hälfte der Zeit wird vom Personal kurz an die Außenscheibe geklopft, damit man eine kleine Orientierung bekommt.

TIPP

Eigene Musikwünsche? Kein Problem! Einfach vor Ort eigene Musik abspielen.

Die Kälteanwendung ist kein neues Phänomen. Sie wird im medizinischen oder therapeutischen Kontext schon längst als bewährte Methode angewendet, um etwa Schmerzen, Verspannungen, Entzündungen oder gar Depression zu behandeln. Auch Leistungssportler setzen auf Temperaturen weit unter dem Nullpunkt, um eine bessere Trainingsregeneration zu erzielen oder ihre Leistungen zu optimieren. Für den gesunden Menschen hat eine regelmäßige Kälteanwendung von bis zu zwei Einheiten pro Woche ebenfalls eine positive Wirkung auf Körper und Geist. Im Gegensatz zur Sauna fühlt man sich nach dem 3-minütigen Frieren richtig fit und aufgeladen, auch noch Stunden später. Ein kleiner Booster für Zwischendurch, was für eine coole Idee!

● Kältekammer Magdeburg, Otto-von-Guericke-Straße 51, 39104 Magdeburg, Tel. (03 91) 99 01 09 85, www.kaeltekammer-md.de
● ÖPNV: Straßenbahn 2, 3, 5, 8, 9, 10, Haltestelle Hasselbachplatz

cryoair -85°C
-85°C

Einfach mal selber machen

53 Die Macherburg – Offene Werkstatt in Buckau

Oft ist uns gar nicht bewusst, wie kreativ und handwerklich begabt wir eigentlich sind. Wie sollten wir das auch wissen? Nicht jeder hat eine kleine Werkstatt in seinem Keller stehen, und so neigen wir eher dazu, uns Dinge neu zu kaufen, wenn sie kaputtgehen. Das muss aber nicht sein! Im Stadtteil Buckau befindet sich auf 300 Quadratmetern über drei Etagen eine offene Werkstatt des gemeinnützigen Vereins Grünstreifen, die für alle Magdeburger für kleines Geld zugänglich gemacht wird, damit sie sich ihre eigenen Alltagsgegenstände bauen oder reparieren können. Egal ob es sich um eine kleine Aufbewahrungsbox, ein hübsches Wandregal, eine hölzerne Sitzbank oder etwas ganz anderes handelt – die Macherburg macht's möglich.

Selbst wenn man das letzte Mal in der Schule eine Säge in der Hand hielt, das Team der Macherburg und einige erfahrene Bastler vor Ort unterstützen gerne. Alternativ besucht man einfach einen Anfänger-Workshop, der einen Schritt für Schritt an die verschiedenen Werkzeuge heranführt. Hier stehen Tisch- und Bandsägen, Portalfräsen, Frässpindel, Düsenfräsen, Handkreis- und Dekupiersägen, Dreh- und Drechselbänke und viele weitere Handmaschinen. Doch nicht nur Holzarbeiten lassen sich prima umsetzen, auch Metall kann man hier verarbeiten. Außerdem gibt es einen 3D-Drucker, Lasercutter, Nähmaschinen, Zeichenbretter und Lötgeräte. Welche Projekte bereits umgesetzt wurden, kann man zum Beispiel bei Instagram sehen. Darunter befinden sich Handy- und Stiftehalter, Vogelhäuschen, Bücherregale und sogar eine ganze Küchenzeile. Natürlich kann man sein Projekt, an dem man mehr als einen Tag arbeitet, auch über Nacht stehen lassen und größere Materiallieferungen können nach Absprache direkt hierher bestellt werden. Schneiden, Sägen, Nähen – für die meisten eine prima Abwechslung zum üblichen Alltag. Die Macherburg bietet die passenden Geräte und Räume, um sich ein bisschen selbst zu verwirklichen.

TIPP

Tag der offenen Werkstatt ist donnerstags von 12 bis 20 Uhr. Vorab anmelden.

- Macherburg – Offene Werkstatt, Grünstreifen e. V., Porsestraße 19/Gebäude 13, 39104 Magdeburg, Tel. (01 76) 34 41 18 50 www.macherburg.de
- ÖPNV: Straßenbahn 5, 13, Haltestelle S-Bahnhof Buckau/Puppentheater

AKKUSCHRAUBER
OBERFRÄSE
FESTOOL
EXZENTERSCHLEIFER
METABO
STICHSÄGE

Hoch die Tassen!

54

Die Kaffeemanufaktur RÖSTfein am Hafen

Man könnte sie glatt beneiden, die Bewohner der Alten Neustadt am Hafen. Denn hier riecht es dank der Kaffeemanufaktur RÖSTfein jeden Tag nach gemahlenen Bohnen – und das schon seit 1908. Ja, auch die DDR profitierte vom Standort in Magdeburg, wo sich die Unternehmens- und Produktionsstätte befindet. RÖSTfein, wie die Marke seit 1948 heißt, entwickelte sich schnell zum beliebten Luxusgut. Die ganze DDR wurde mit Kaffee aus Magdeburg versorgt. Schließlich war die Kaffeebohne zu damaligen Zeiten, vor allem in den 1970er-Jahren, echte Mangelware. Man bezog die Bohne nicht aus Lateinamerika, wie sonst üblich, sondern aus Vietnam, was die Geschäfte bis heute prägt. Doch egal wie teuer der Kaffee auch war, nichts hielt die DDR-Bürger von ihrem heißgeliebten Getränk ab. „Ohne Kaffee kein Sozialismus", scherzte man.

Die Krise ist zum Glück längst überwunden. Heute gibt es Kaffee von RÖSTfein in ganz Europa und sogar in einigen Ländern Afrikas und in den Arabischen Emiraten zu kaufen. Und natürlich direkt hier in Magdeburg! In der Hafenstraße gibt's Kaffee im Werksverkauf. Wie wäre es mit dem Klassiker Rondo Melange? Die Sorte ist deshalb so beliebt, weil die Bohnen geröstet und gleichzeitig kandiert werden, ein auf der Welt einmaliges Verfahren. Eine andere heiß begehrte Sorte ist Mocca Fix (Gold). Sie überzeugt mit schokoladiger Süße, wenig Säure, dafür hoher Intensität. Ebenfalls ein DDR-Klassiker ist der Malzkaffee „Im Nu" – wie der Name schon verrät, der einfachste Weg zum Kaffeegenuss, ohne Koffein und damit bestens geeignet für sensible Mägen. Das Getreide hierfür bezieht die Fabrik direkt aus der Magdeburger Börde. Dafür hat sie sogar einen eigenen Bahnanschluss – wie praktisch! Wem das nicht nachhaltig genug ist, setzt auf O'Verde Bio aus garantiert kontrolliert-biologischem Anbau. Und wer sich jetzt nicht entscheiden kann, macht einfach im Shop vor Ort eine kleine Kostprobe.

- Kaffeemanufaktur RÖSTfein, Hafenstraße 9, 39106 Magdeburg, Tel. (03 91) 5 68 31-0, www.roestfein.de
- ÖPNV: Straßenbahn 2, Haltestelle Lostauer Straße

RÖSTfein
seit 1908

Gefiederte Glücksbringer

55 Vogelhäuschen-Rekord in der Grünen Zitadelle

Vögel bringen Glück! Wissenschaftler aus Frankfurt haben kürzlich beobachtet, dass Vögel aktiv zum menschlichen Wohlbefinden beitragen können. Denn da, wo viele Vögel leben, ist auch eine biologische Diversität vorhanden – und diese ist dank der kleinen Piepmätze nicht nur sichtbar, sondern hörbar. Vögel leben nur da, wo sie eine natürliche und abwechslungsreiche Umgebung vorfinden. Und an so einem Ort fühlt sich auch der Mensch am wohlsten.

In Magdeburg leben jede Menge Vögel. Am häufigsten trifft man auf Amseln, Kohlmeisen und Haussperlinge. Deshalb ist es auch kein Zufall, dass ausgerechnet Magdeburg im Jahr 2018 einen Weltrekord aufgestellt hat mit der längsten Vogelhauskette der Welt. Alle Bürger der Stadt waren dazu aufgerufen, sich an der Aktion kreativ zu beteiligen. Jeder durfte – natürlich aus nachhaltigem Material, ohne Nägel oder Kleber – ein eigenes Häuschen beisteuern. Die insgesamt 4389 aneinandergereihten Vogelhäuschen erstreckten sich von der Grünen Zitadelle bis zum Dom – eine wahre Meisterleistung, die es sogar ins Guinnessbuch der Rekorde schaffte. Das seit 1955 veröffentlichte Sammelwerk zeigt jährlich die bedeutendsten Ereignisse, Phänomene und Leistungen auf der ganzen Welt, spektakuläre Naturwunder, besondere Talente, außergewöhnliche Sammlungen, seltsame Berufe – oder eben die längste Vogelhäuschenkette der Welt in Magdeburg.

TIPP
Eine Führung durch die Grüne Zitadelle vermittelt weitere spannende Infos.

Im Innenhof des Hundertwasser Architekturprojekts Die Grüne Zitadelle von Magdeburg (2003–2005) sind einige dieser Vogelhäuschen zu sehen. Das ist auch der Grund, warum es hier nur so von Vögeln wimmelt. Die Vogelhaus-Aktion ist im Rahmen der Stadtkampagne „Otto bricht Rekorde“ entstanden. Damit wollten die Magdeburger der Welt die Vorzüge ihrer Stadt demonstrieren: Magdeburg steht für Vielfalt. Und ein Vogelhäuschen ist schließlich das Symbol für Geborgenheit und Wachstum, aber auch für Gastfreundschaft, ökologisches Bauen und Infrastruktur. Vögel bringen Glück und ganz sicher auch hier in Magdeburg.

- Vogelhäuschen im Hundertwasser Architekturprojekt Die Grüne Zitadelle von Magdeburg (2003–2005), Breiter Weg 10 a, 39104 Magdeburg
www.gruene-zitadelle.de
- ÖPNV: Straßenbahn 2, 5, 10, Haltestelle Domplatz

Schön kräftig bleiben

56 Calisthenics Area am Gebäude 40 auf dem Campus

Jeder weiß, Sport macht glücklich. Nicht nur die Dopaminausschüttung ist uns während des Schwitzens sicher, wir können Stress reduzieren und unsere Vitalität steigern. Mit Krafttraining aktiviert man sofort Glücksgefühle – und das weiß auch das Sportzentrum der Uni. Nicht ohne Grund gibt es auf dem Campus des Gebäudes 40 seit 2018 eine tolle Calisthenics-Anlage. Sie befindet sich direkt an der Zschokkestraße zwischen Wohnhäusern und der Sporthalle II und ist nicht weit vom Haupteingang des Unigebäudes entfernt. Sie steht auf einer kleinen Grünfläche und ist von Birkenbäumen umgeben.

Aber was genau ist Calisthenics? Die Bezeichnung führt, wie so oft, auf unsere großen athletischen Vorbilder des antiken Griechenlands zurück: *kalos* ist griechisch und bedeutet „schön", während *sthenos* für „Kraft" steht. So richtig inspiriert ist das Training aber von der New Yorker Street-Workout-Szene der 2000er-Jahre. In dieser Zeit begaben sich immer mehr junge Leute in Parks und auf Spielplätze, um sich körperlich fit zu halten. Was sie dazu benötigten, waren lediglich ein paar Stangen, Bänke und ihr eigenes Körpergewicht.

TIPP

Mehr Inspiration gibt's auf Instagram unter #calisthenics-workout.

Die Magdeburger können solch ein Bodyweight-Training ebenso mithilfe der in verschiedenen Höhen angebrachten Stangen auf dieser Anlage prima praktizieren. Das kommt nicht nur den Studierenden zugute, die viele Stunden an Schreibtischen oder in den Hörsälen verbringen, sondern jedem, der hier vorbeikommt und ein paar Übungen absolvieren möchte. Die Calisthenics-Anlage liegt zwar etwas versteckt auf dem Campus, ist aber nur 600 Meter von der Oper beziehungsweise 1,2 Kilometer vom Alten Markt entfernt. Ein Abstecher hierher lohnt sich. Einfach mal an die Stangen hängen, die Füße baumeln lassen und spüren, wie sich Wirbel für Wirbel lockert. Wer mehr will, kann natürlich auch ein paar richtige Kraftübungen absolvieren: Liegestütze, Klimmzüge, Kniebeugen oder Bauchmuskeltraining. Schon nach wenigen Minuten Training stellen sich Glückgefühle ein, ganz einfach!

- Calisthenics Area, Zschokkestraße 36, 39104 Magdeburg
- ÖPNV: Straßenbahn 1, 2, 4, 6, 8, 9, 10, Haltestelle Opernhaus, ca. 600 Meter Fußweg

Studentenfeeling

57 Ein Abend in der Uni-Theke

„Hach, noch einmal Student sein und das unbeschwerte Leben genießen!", denken wir doch manchmal, wenn wir so im Alltagstrott stecken und den Feierabend unter der Woche müde vor dem Fernseher verbringen statt lustig mit Freunden in unserer Lieblingsbar, wie früher. Wir können die Zeit zwar nicht zurückdrehen, aber an diesem leichten Lebensgefühl dank der Uni-Theke partizipieren, zumindest für ein paar Stunden. Die Kneipe befindet sich im Erdgeschoss des höchsten Studentenwohnheims direkt am Universitätsplatz. Die Türen stehen für alle offen. Drinnen scheint die Zeit stehen geblieben zu sein. Das Mobiliar erinnert an Studentenheime aus den 1990er-Jahren. Hier geht's nicht um ästhetische Schönheit, sondern hauptsächlich um Funktionalität. Theke, Stühle, Ledersofas. Was braucht man mehr, wenn man hauptsächlich seine Freunde treffen möchte, um zu chillen, Karten zu spielen oder zu quatschen?

TIPP

Samstags freut man sich besonders auf den Pitcher-Abend (1,5 Liter Bier).

Auch zum Schreiben (am Laptop) eignet sich dieser Glücksplatz, den man bequem an der Theke einnehmen kann oder doch in einer hinteren Ecke, wo einen keiner stört. Hier wurde schon die ein oder andere wissenschaftliche Arbeit zu Papier gebracht. Wie viel Bier dabei womöglich geflossen ist, will man lieber nicht weiter ausführen. Aber die Karte ist – bei einem schmalen Studentenbudget – geradezu verlockend: Neben diversen Softgetränken, Säften, Kaffeespezialitäten und Tees hat man eine gute Auswahl an Bieren, Cocktails, Weinen und Longdrinks. Wer auf ein qualitativ gutes Endergebnis seiner Texte hinarbeitet, kann ja einen Maracujasaft, Kirsch-Bananen-Tee oder eine Limonade mit Tannenaroma trinken statt Rhabarber-Bier, Finlandia-Wodka oder Kaffee Mexikanisch (mit Tequilla).

Ein Abend mit Freunden sieht natürlich ganz anders aus. Man bestellt Pizza oder Kartoffelspalten und hat einfach eine gute Zeit hier.

● Uni-Theke, Universitätsplatz 1, 39106 Magdeburg, Tel. (03 91) 99 01 30 15
www.uni-theke.de
● ÖPNV: Straßenbahn 1, 8, 9, 10, Haltestelle Universität

BECK'S
UNITHEKE
ESSEN | TRINKEN | LACHEN | SPASS HABEN | FREUNDE TREFFEN
Jägermeister

Meisterwerk in Miniatur

58 Der Kunsttick-Kunstautomat in der Altstadt

Was kann verwirren, erhellen, aufregen, süchtig und vielleicht auch glücklich machen? Die Antwort ist: Kunst aus dem Kunstautomaten. Mitten in der Magdeburger Altstadt kann man sich ein Päckchen Kunst „ziehen". Dabei weiß man vorher nicht, welche Künstlerin oder welcher Künstler dahintersteckt. Es wird keine bestimmte Kunstrichtung festgelegt, sondern der Zufall entscheidet, welches Meisterstück im Miniaturformat aus dem Automaten herausplumpst. Logischerweise haben die Packungen die Größe einer Zigarettenschachtel. Und jede einzelne wird vom Künstler selbst sorgfältig verpackt. Bis auf die Größe der Schachtel gibt es absolut keine Vorgaben für die inhaltliche Gestaltung. Wer damit nicht einverstanden ist, sollte das Hinweisschild auf der Packung genau lesen: „Zu Risiken und Nebenwirkungen fragen Sie sich selbst und schreiben uns (der Agentur oder den Künstlern) die Antwort. Jegliche Haftung ist ausgeschlossen." Das Kunstwerk soll also zum Nachdenken anregen.

Und in der Tat können die sehr abstrakten Objekte dazu animieren, sich über die Formgebung, Farben und Linien den Kopf zu zerbrechen. Denn auch wenn es sich um eine Miniatur handelt, die Interpretationsmöglichkeiten sind unbegrenzt! Jedes Päckchen enthält ein Unikat. Und wer weiß, vielleicht entpuppt sich der schone Inhalt auch als persönlicher kleiner Glücksbringer? Und wer ist die Glücksfee? Das erfährt man anhand eines kleinen beigefügten Steckbriefes, der sich ebenfalls in der Schachtel befindet. Hier liest man auch etwas über bisherige Ausstellungen, Preise und Stipendien und in manchen Fällen sind sogar eine Internetadresse und Kontaktdaten angegeben. Die Künstler sind selbst immer interessiert daran, zu erfahren, wer ihre Kunstwerke wann und wo erworben hat. Wer ist ihr neuer Besitzer und wo befinden sie sich jetzt? Vielleicht bekommt man selbst Lust, an diesem Projekt teilzunehmen und mit seiner Kunst andere Menschen glücklich zu machen.

- Kunsttick-Kunstautomat, Große Steinernetischstraße (hinter dem Laden Zweirad Schulz), 39104 Magdeburg
- ÖPNV: Straßenbahn 1, 2, 4, 6, 8, 9, 10, Haltestelle Opernhaus

KUNST KUNST KUNST KUNST KUNST KUNST KUNST
Kunsttick
KUNSTAUTOMAT
das Original
KUNST AUTOMATEN
WARNUNG
Diese Kunst kann verwirren, erhellen, aufregen und süchtig machen!
Zu Risiken und Nebenwirkungen fragen Sie sich selbst und schreiben uns die Antwort.
Jegliche Haftung ist ausgeschlossen.
Innenliegende Kunst ist direkt vom Künstler verpackt worden. Jedes Päckchen enthält ein Unikat. Es gehört jetzt Dir.

Gute Laune frühstücken

59 Brunchen im ALEX am Ulrichplatz

Wie sagte der englische Schriftsteller William Makepeace Thackeray (19. Jahrhundert) so schön: „No business before breakfast." Die meisten Menschen wissen instinktiv, dass sie ohne Frühstück gar nicht erst das Haus verlassen sollten. Ein guter Tag startet definitiv mit einem guten Frühstück, und – da sind sich zahlreiche Magdeburger einig – das bekommt man im ALEX am Ulrichplatz. Frühstück gibt's hier jeden Wochentag ab 9 Uhr: Ein üppiges Buffet für alle Geschmäcker, egal ob herzhaft, süß, knusprig, cremig oder fruchtig. Das Angebot ist vielseitig und frisch und für jeden so, wie er oder sie es am liebsten mag.

Die einen legen sich das knusprige Vollkornbrötchen auf den Teller, andere greifen zum warmen Croissant oder lassen sich den süßen Hefezopf schmecken. Wie wäre es mit Cornflakes oder Rührei? Es gibt griechischen Joghurt, cremigen Pudding, süße Früchte, leckere Marmeladen, Aufstriche und eine reichlich gedeckte Wurst-, Fisch- und Käseplatte. Wenn man vorab reserviert (das ist ratsam), bekommt man mit hoher Wahrscheinlichkeit einen hübschen Fensterplatz auf einer der beiden Etagen. Zudem ist auch das Personal stets freundlich und achtsam, was die Magdeburger immer wieder betonen. Hier scheint einfach immer die Sonne (am Ende sogar mit einem Smiley auf dem Kassenzettel). Wie nett!

Dass Essen gute Laune macht, merkt man mit jedem Bissen. Nicht ohne Grund stellt das Frühstück schon immer und für viele die wichtigste Mahlzeit des Tages dar. Es geht hierbei nicht (nur) darum, seinen Körper mit „Energie" zu versorgen, sondern um einen guten Start in den Tag. Schlemmen, genießen, das Leben zelebrieren! Deshalb kommen Besucher auch manchmal allein. Sie blättern dann in ihrer Lieblingszeitschrift und legen diese nur beiseite, um genüsslich von ihrem Buttercroissant abzubeißen. Es stört sie auch nicht, wenn nebenan am Tisch eine größere Geburtstagsfeier stattfindet. Genau diese Mischung macht das Brunchen im ALEX aus.

- ALEX, Ulrichplatz 2, 39104 Magdeburg, Tel. (03 91) 59 74 90
www.dein-alex.de/magdeburg
- ÖPNV: Straßenbahn 1, 4, 5, 6, 8, 9, Haltestelle City Carré

Lesen gegen Langeweile

60 Das Bücherregal im Magdeburger Dom

Der Dom ist natürlich immer einen Besuch wert. Den Glücksort auf der Turmspitze haben wir hier bereits vorgestellt. Doch es gibt mindestens noch einen Grund, den Magdeburger Dom zu besuchen. Gleich rechts hinterm Haupteingang steht ein kleines Bücherregal mit „gemischter Lektüre" – vom Roman übers Kochbuch und dem Gesundheitsratgeber bis hin zum Reiseführer.

„Lesen gegen Langeweile" lautete die ursprüngliche Idee der evangelischen Domgemeinde, als Kontaktbeschränkungen, geschlossene Läden und Bibliotheken auf der Tagesordnung standen. Nicht jeder hatte Lust, seine Freizeit vor dem Fernseher zu verbringen. Und Bücher, die man in der Regel nur einmal liest, muss man ja nicht für immer besitzen. Dafür steht das Bücherregal. Die Lektüre, die einen interessiert, nimmt man sich einfach und kostenlos mit. Öffentliche Bücherschränke sieht man mittlerweile in fast jeder Stadt. Und das Prinzip ist einfach: Die Schränke sind für jedermann zugänglich. Sie fungieren als eine Art Tausch- und Schenkbörse. Man kann darin stöbern und das Buch herausnehmen, das einen interessiert. Man kann sie lesen und wieder zurückbringen. Vielleicht hat man selbst einige Exemplare zu Hause stehen, die langsam verstauben. Andere haben bestimmt mehr davon.

Dieses kleine Schmuckstück im Magdeburger Dom fällt nicht sonderlich auf. Aber es laufen mindestens 300.000 Menschen jährlich daran vorbei und werfen hin und wieder einen Blick hinein. So kommt es doch immer wieder vor, dass auch internationale Werke ihren Weg in die Regale finden. Es macht Spaß, Teil dieses Bücherkreislaufes zu sein. Entweder freut man sich selbst über tolle neue Entdeckungen oder darüber, längst gelesene Bücher an neue Interessenten weiterzugeben. Und wer weiß, vielleicht finden auch diese Glücksorte früher oder später ihren Weg hierher …

TIPP

Weitere Bücherboxen gibt's im Moritzhof, in der Unibibliothek oder im Bauwerk Lesezeichen Salbke.

● Bücherregal im Magdeburger Dom, Am Dom 1, 39104 Magdeburg
www.magdeburgerdom.de
● ÖPNV: Straßenbahn 2, 5, 10, Haltestelle Domplatz

DAS WORT LÄUFT

So schmeckt Vietnam

61 Zu Gast im CÔ BA am Hasselbachplatz

Magdeburger lieben es asiatisch. Das ist ja auch verständlich: Die asiatische Küche ist herrlich bunt, vielfältig und leicht. Sie ist bekannt für ihre frischen Zutaten, verschiedenen Gemüsesorten und Kräuter, kombiniert mit Fleisch, Fisch oder Soja-Variationen. Egal ob Nudel- oder Reisgericht, Garnelen- oder Hühnchenspieße, Suppe oder Teigtasche – der intensive Geschmack versetzt in Urlaubslaune und lässt einen auf die andere Seite der Welt träumen. Deshalb gibt es in Magdeburg übermäßig viele Restaurants, die ein Stück Asien repräsentieren. Da ist die richtige Wahl manchmal gar nicht so einfach. Wo ist es besonders lecker und frisch? Wo gemütlich und freundlich?

Wie wär's mit CÔ BA (was übersetzt „Tante und Onkel" heißt), einem preislich erschwinglichen vietnamesischen Restaurant in der Keplerstraße am Hasselbachplatz? Hier war sogar Kai Pflaume, der einst selbst in Magdeburg gelebt und studiert hat, schon einmal Mittag essen. CÔ BA bietet durchgehend warme Küche und beeindruckt schon mit seinem facettenreichen und liebevoll verzierten Eingangsbereich: bunte Blumen, so weit das Auge reicht, Lampenschirme aus Bambus, hölzernes Mobiliar. Wer in den warmen Monaten kommt, geht am besten bis nach hinten zur Gartenterrasse durch. Mit etwas Fantasie fühlt man sich gleich wie in einer der vielen Seitenstraßen von Saigon oder Hanoi. Nicht luxuriös, aber umso gemütlicher und authentischer.

Wenn man vietnamesisch essen geht, muss man unbedingt die Spezialitäten probieren. Dazu zählt zum Beispiel das Nationalgericht Pho – eine traditionelle kräftige Suppe aus Reisnudeln, Rindfleisch, geröstetem Ingwer und Kräutern. Ein echter Hingucker ist aber auch der Burger mit Bun auf Reisbasis. Zu den süßen Highlights zählen schwarzer Kokos-Klebreis mit frischer Mango oder hausgemachte Reisklößchen mit Erdnüssen und Schokolade. Dazu unbedingt den Grünen Tee mit losen Blättern probieren. Er ist das herbe Pendant zum zuckersüßen Nachtisch und damit der perfekte Ausgleich. So schmeckt Vietnam!

- CÔ BA, Keplerstraße 5, 39104 Magdeburg, Tel. (03 91) 55 99 11 56
www.coba-restaurant.de
- ÖPNV: Straßenbahn 2, 3, 5, 8, 9, 10, Haltestelle Hasselbachplatz

CÔ BA
CÔBA

Naherholung am Wasser

62 Spaziergang zu den Salbker Seen in Fermersleben

Ein See in unmittelbarer Nähe zur Stadt, davon träumt wohl jeder Städter. Und Magdeburg hat gleich mehrere davon (einige sind sogar als Badesee geeignet). Im Süden liegen die beiden Salbker Seen. Sie befinden sich im Stadtteil Fermersleben, ungefähr 5,5 Kilometer vom Zentrum entfernt, und lassen sich bequem per Auto, Straßenbahn oder Rad erreichen. Oder auch zu Fuß. Der Marsch dauert ungefähr 1,5 Stunden, wenn man in der Altstadt am Schleinufer startet und ohne Umwege immer direkt an der Elbe entlangläuft. Irgendwann kommt man automatisch an den beiden Seen heraus. Direkt nach der künstlich angelegten Schleinuferpromenade gelangt man auf einen naturbelassenen Pfad, der aufgrund seiner sandigen Ebene schon fast an die Ostsee erinnert. Der Spaziergang führt also direkt durch die Natur, was viele Magdeburger schätzen.

TIPP

Für den Rückweg lässt sich die Straßenbahnhaltestelle über den Elbweg bequem und schnell erreichen.

Beide Seen entstanden erst in den 1970er-Jahren aus ehemaligen Kiesgruben. Trotzdem wirken sie sehr ruhig und naturbelassen. Nur einmal im Jahr wird's rund um die Seen richtig laut und wild: Dann treten 50 Teams bei dem jährlich stattfindenden Magdeburger Drachenbootfestival (MDF) gegeneinander an. Inzwischen zählt die im Jahr 2000 ins Leben gerufene Veranstaltung zum größten Wassersportevent des Bundeslandes. Dann wird hier auch gezeltet und gefeiert.

Auf dem ersten und damit auch größeren See (ungefähr 33 Hektar) kann man angeln. Hier befinden sich zwei Inseln und am Kopf des Gewässers eine Gaststätte, ein Spielplatz und ein Tauchcenter. Der zweite See (19,1 Hektar groß) gleich nebenan wird für die Wassersportaktivitäten genutzt. Auch wenn es hier einige nette Buchten gibt, ist Baden in beiden Seen nicht erlaubt. Doch so ein Spaziergang rund um die Seen trägt wesentlich zur Erholung bei. Und wenn das Wetter mitspielt, dann gelingen schöne Naturfotos. Viele kommen allein wegen der traumhaften Sonnenuntergänge hierher. Einfach herrlich!

- Salbker Seen, Unterhorstweg/Elbweg, 39122 Magdeburg
- ÖPNV: Straßenbahn 2, 8, Haltestelle Friedrich-List-Straße

Im Spiegel der DDR

63 Peter Sodanns Bücherkiste im Breiten Weg

Schon unsere Altkanzlerin Angela Merkel betonte, wie wichtig es ist, sich als junger Mensch mit der DDR als Teil deutscher Geschichte auseinanderzusetzen. Sie erzählte immer wieder, wie ihre Kindheit, Schulzeit und ihr Alltag in der DDR ausgesehen haben. Es gab keine Meinungs- und Pressefreiheit. Das Fernsehen wurde kontrolliert und in der Schule wurde man früh für sozialistische Politik sensibilisiert. Aus dieser Erfahrung heraus erkennt man den Wert von Demokratie und Freiheit, die wir glücklicherweise heute in ganz Deutschland leben und erfahren.

Erfahren kann man auch vieles aus Büchern jener Zeit, die zwischen 1945 bis 1989 in der DDR geschrieben wurden. Das war teils kritische und aufmüpfige Literatur von Autorinnen und Autoren wie Erwin Strittmatter, Stefan Heym oder Brigitte Reimann, die heute viele nicht mehr kennen. Aber sie wären fast ganz in Vergessenheit geraten, wenn der Ex-Tatort-Kommissar Bruno Ehrlicher alias Peter Sodann nicht angefangen hätte, DDR-Literatur vor ihrer Vernichtung zu bewahren und seit 2019 in Magdeburg der Öffentlichkeit zugänglich zu machen. In seiner 100 Quadratmeter großen Bücherkiste im Breiten Weg hat man die Möglichkeit, sich bei einer gemütlichen Tasse Kaffee ein besseres Bild von der DDR zu machen. „Und dafür braucht man Bücher", betont der Sammler, ehemalige Theaterintendant und Regisseur. Wie soll man sich denn eine Zukunft aufbauen, wenn man die Vergangenheit nicht kennt? „Wer Bücher wegwirft, wirft die Vergangenheit weg", lautet die Meinung des Literaturliebhabers, auch wenn diese nicht immer ganz zum heutigen Zeitgeist passen. Die DDR gehört zur deutschen Geschichte, gerade wegen der historischen Zweiteilung des Landes. Wie also war das Leben in der DDR? Während des Stöberns durch die Bücherregale findet man interessante Anregungen, seine eigene Wahrnehmung der DDR zu reflektieren und mit seiner eigenen Gegenwart zu verknüpfen.

TIPP

Der Ort ist inzwischen auch ein beliebter Treffpunkt. Auch mal die Veranstaltungen besuchen.

- Peter Sodanns Bücherkiste, Breiter Weg 29, 39104 Magdeburg
- ÖPNV: Straßenbahn 1, 2, 4, 6, 8, 9, 10, Haltestelle Am Katharinenturm

Zug um Zug

64 Schach spielen auf dem Domplatz

Spätestens seit der erfolgreichen Miniserie „Das Damengambit" (2020) auf Netflix ist eines der ältesten Brettspiele wieder populär! Es hat einen besonderen Reiz, weiße und schwarze Figuren übers Brett zu manövrieren und den gegnerischen Spieler durch taktisches Geschick Schachmatt zu setzen. Klar, das Spiel macht Spaß, bringt Menschen zusammen, trainiert den Geist und die Konzentration.

In Magdeburg werden regelmäßig Meisterschaften ausgetragen und die Magdeburger Schachzwerge gelten inzwischen als der größte Schachverein Deutschlands. Die meisten spielen gerne auf dem Holzbrett – doch warum nicht gleich direkt auf dem Domplatz, unter freiem Himmel mit Blick auf den imposanten Magdeburger Dom? Seit 2015 steht hier östlich des Platzes ein mit zwei Hockern kunstvoll verzierter Schachtisch aus Kalkstein und Keramik, der im Rahmen eines Projektes mit Menschen mit Behinderung unter der Leitung des Bildhauers Paul Gandhi realisiert wurde.

Vom Schachtisch aus hat man eine großartige Sicht auf die freie Fläche des Domplatzes – eingerahmt von einer doppelreihigen Baumformation –, die gerne für Open-Air-Konzerte, Festivals, Themenmärkte oder Sportveranstaltungen genutzt wird. Im Sommer wird die Springbrunnenanlage für die Wasserspiele in Gang gesetzt und im Winter verwandelt sich der Ort in eine einzigartige Lichterwelt. Der Domplatz als ältester Siedlungskern ist schon immer die Mitte der Stadt gewesen. Am Platz grenzen Landtagsgebäude, Justizministerium, Banken und die Grüne Zitadelle und er ist immer noch ein historisch spannender Ort. Hier finden Grabungen statt, die neue Erkenntnisse über die Stadtgeschichte liefern. Man sagt auch, es sei ein Ort mit zwei Gesichtern: Einerseits stößt man hier auf rege Geschäftigkeit und andererseits ist er geschätzt als besonderer Ort der Stille, als beliebter Platz zum Verweilen. Und bestens geeignet zum Schach-, aber auch zum Damespielen mit einzigartiger Kulisse!

- Schachtisch am Dom, Domplatz, 39104 Magdeburg
- ÖPNV: Straßenbahn 2, 5, 10, Haltestelle Domplatz

Auf einen Drink

65 Zu Besuch im Magado am Ulrichplatz

„Otto Salat" mit Hähnchenbrust oder doch lieber den „Editha Salat" mit Schafskäse und Walnüssen? Im Magado lässt sich königlich speisen. Dazu tragen auch das palastartige Gebäude, der verzierte Eingang sowie die marmorierten Säulen bei. Das achtstöckige Eckgebäude gehört zu den historisch prägendsten Häusern der Altstadt. Der hier in die Architektur eingeflossene sozialistische Klassizismus verleiht der ganzen Straße einen Hauch von Moskau. Der Baustil wird auch gelegentlich als Zuckerbäckerstil oder als Stalin-Bauten bezeichnet. Das hören die Magdeburger aber nicht so gerne.

Wer allerdings glaubt, in diesem Restaurant eine typische Magdeburger Küche vorzufinden, wird eines Besseren belehrt. Das am Ulrichplatz gelegene Magado gibt es seit 2015 und auf dem Speiseplan steht italienische Küche – Pizza, Pasta und guter Kaffee. Magado versteht sich selbst als eine Mischung aus Lounge, Restaurant und Kaffeehaus. Hier geht man morgens brunchen, lässt sich mittags den Nudelauflauf schmecken und den Feierabend bei bunten Cocktails ausklingen. Geschäftsleute nutzen die gute Lage für Businessgespräche bei einem starken Espresso und junge Leute steuern die Location gerne am Wochenende zum Vorglühen oder gleich zum Hierbleiben an. Interessant ist auch die „Drehbar" mit Platz für bis zu zwölf Personen. Sie hat einen eigenen Zapfhahn und das Bier wird nach Litern abgerechnet (und nicht pro Glas).

Der Name Magado kommt allerdings nicht aus dem Italienischen, sondern aus der Zeit der Karolinger und das ist mindestens 1200 Jahre her: In einem Dokument des Königs und späteren Kaisers Karl des Großen wurde Magdeburg im Jahr 806 n. Chr. erstmals urkundlich erwähnt. Die Rede war von „Magadoburg", ein strategisch gut gelegener Ort mit optimaler Handelsroute und Wasserstraße. Optimal gelegen ist jedenfalls auch das Café Magado. Es eignet sich als perfekter Treff- und Angelpunkt. Warum also lange suchen, wenn sich das Glück direkt im Zentrum befindet?

- Magado, Ulrichplatz 10, 39104 Magdeburg, Tel. (03 91) 61 11 99 96 www.magado.de
- ÖPNV: Straßenbahn 1, 4, 5, 6, 8, 9, Haltestelle City Carré

Magado
Magado
Magado

Blick ins Leere wagen

66

Besuch im Otto-von-Guericke-Museum

Was passiert, wenn man einer dicht verschlossenen Glasglocke Luft entzieht, in der ein Luftballon liegt? Er füllt sich automatisch mit Luft und wird größer. Und wie verhält es sich, wenn man zwei Saugglocken aneinanderdrückt, sodass die Luft entweicht? Man kriegt sie nur schwer wieder auseinander.

Solche oder ähnliche Fragen beschäftigten das Einzelkind Otto von Guericke damals im 17. Jahrhundert. Dabei war er kein Physiker von Beruf, sondern ein Universalgenie. Er studierte zum Beispiel Jura, aber auch an der Artistenfakultät, eine Art Philosophie, die sich von der Theologie abgekoppelt hat. Otto machte Bildungsreisen, kam aber gerne wieder zurück in seine Heimatstadt Magdeburg. Er wurde Ratsherr, Diplomat und später zum Bürgermeister ernannt. Deshalb wird Magdeburg heute gerne Ottostadt genannt und auch die Uni trägt stolz seinen Namen. Sein Interesse galt der Wissenschaft. Insbesondere die naturwissenschaftlichen Erkenntnisse waren neu und bahnbrechend für die damalige Zeit. Seinem hohen Einfluss ist es zu verdanken, dass er diese wichtigen Fragen – wie zum Beispiel die nach der Leere – stellen durfte. Auch wenn es der Kirche nicht gefallen hat. Was also ist noch im Glas, wenn die Luft raus ist?

TIPP

Die Öffnungszeiten variieren. Ein Anruf vorab wird empfohlen.

Otto experimentierte nicht nur still in seiner Dachkammer, sondern ließ Menschen auf offener Straße daran teilhaben. So wie auch sein weltberühmter Halbkugelversuch. Aber er ist nicht nur Entdecker des Vakuums, sondern auch Meister der Elektrizität. Warum es hinter den Mauern der ehemaligen Lukasklause, in der sich das Museum befindet, heute blitzt und einem die Haare buchstäblich zu Berge stehen, erfährt man ebenfalls bei einem Besuch. Und ob es nun tatsächlich Einhörner gegeben hat – Otto war ein fleißiger Knochensammler –, kann man hier herausfinden.

- Otto-von-Guericke-Museum, Schleinufer 1, 39104 Magdeburg, Tel. (03 91) 56 39 09 80, www.ovgg.ovgu.de
- ÖPNV: Straßenbahn 4, 6, Haltestelle Askanischer Platz

Auf der Mauer

67 Spaziergang am Fürstenwall

Es ist schwer vorstellbar, dass Magdeburg einst zur stärksten preußischen Festungsstadt zählte. Doch so dick die Mauern auch waren, so gut bewacht und perfekt gerüstet, nicht allen Angriffen konnte die Stadt standhalten. So wurde Magdeburg von französischen Truppen unter Napoleon erobert und sogar zweimal fast komplett zerstört (Dreißigjähriger Krieg und Zweiter Weltkrieg). All das ist lange her. Es sind nur wenige Bauwerke erhalten geblieben.

Der wohl bekannteste Zeitzeuge ist natürlich der Dom. Weit weniger berühmt ist der kleine versteckte (erstmals 1377 erwähnte) Garten der Möllenvogtei und der dazugehörige Fürstenwall direkt dahinter. Hier residierte ein Erzbischof und die Anlage ist mindestens so alt wie die Altstadt. Der Bischof besaß eine Mühle und hatte sogar einen eigenen, direkten Zugang zum Wasser. Von all dem ist hier nichts mehr zu finden. Aber das alte, wohl 1495 erbaute Stadttor der mittelalterlichen Festung – das einzige Tor, das überhaupt erhalten geblieben ist – steht noch. Man kann direkt auf dem Fürstenwall – einer von Linden gesäumten Promenade – spazieren und eine einzigartige Aussicht auf den Dom und die Elbe genießen.

Wunderschön ist es hier in den frühen Abendstunden, wenn die Sonne gerade untergeht. In den warmen Monaten nutzt man diese wunderschöne Location für Open-Air-Veranstaltungen wie Theateraufführungen und Konzerte. Im Garten verstecken sich zahlreiche Skulpturen. Ein Denkmal fällt dabei besonders ins Auge: die auf einem Sockel stehende, fast schon durchsichtige Figur einer Frau. Es handelt sich um Mechthild von Magdeburg, eine Mystikerin des Mittelalters (1207–1282), bekannt für ihre Schriften über transzendente Erfahrungen. Ob sie ihre mystischen Erfahrungen an genau diesem Ort machte, bleibt dahingestellt, es würde einen jedenfalls nicht überraschen. Ein Spaziergang über das Gelände hat etwas Sinnliches, wenn nicht etwas Glückseliges.

● Fürstenwallpark, Zugang über Schleinufer oder Stadttor, 39104 Magdeburg
● ÖPNV: Straßenbahn 2, 5, 10, Haltestelle Domplatz

Fruchtig und frisch

68

Bei Hansen Obst im Allee-Center

Irgendwann im Laufe des Tages überkommt einen vielleicht die Lust auf etwas Frisches: ein duftend leckerer Apfel, eine Handvoll knackige Weintrauben oder einfach nur ein frisch gepresster Smoothie. Die beste Adresse dafür ist Hansen Obst im Allee-Center. Mitten im Einkaufszentrum, zwischen Ledertaschenboutique und Brillengeschäft, ragt ein bunter Obststand mit einer riesengroßen Auswahl hervor – er ist kaum zu übersehen. Und egal ob einem der Appetit nach Mango, Papaya, Birne oder Physalis steht, hier bleibt kein Wunsch unerfüllt. Wenn man genauer hinschaut, wird man neben den vielen bunten Früchtchen auch jede Menge Gemüse entdecken. Hier kann man sich auch für zu Hause gut eindecken, wenn man sich den Weg zum Supermarkt sparen möchte. Hansen Obst bietet außerdem tolle Geschenkboxen an. Sie sind aus Holz gefertigt und beinhalten jede Menge Leckereien für verschiedene Anlässe: sei es ein „Genesungsgruß“ mit exotischen Früchten und jeder Menge Vitamin C oder eine Box „von Herzen“ – mit romantischer Note wie Sekt und einer Duftkerze. Auch für „den Mann“ ist etwas dabei. Diese Box enthält neben Obst ein paar knackige Nüsse, Salzbrezeln und eine Flasche Bier.

TIPP

Wer sich nicht entscheiden kann, bekommt an der Theke gerne eine kleine Kostprobe.

Ein besonderes Angebot ist die Salatbar vor Ort. Die hier hübsch aufgereihten Salate sind hausgemacht und werden täglich frisch zusammengestellt. Wie wäre es zum Beispiel mit einem schmackhaften Spargel-, Rosenkohl-, Kartoffel- oder Quinoasalat? Man wählt die Sorte seiner Wahl aus, bestimmt die Grammzahl (200 Gramm entspricht etwa einer guten Mittagsportion) und fragt nach einer Gabel, damit man ihn gleich verzehren kann. Neben Salaten kann man auch Wraps mit Hühnchen, Thunfisch oder vegetarischer Füllung essen. So oder so hat man dank der großen Auswahl nebenbei noch dafür gesorgt, die empfohlene Obst- und Gemüseration zu sich zu nehmen. Damit macht man sich wahrlich ein Geschenk!

● Hansen Obst, Ernst-Reuter-Allee 11 (im Allee-Center), 39104 Magdeburg
www.hansenobst.de/filialen/magdeburg/
● ÖPNV: Straßenbahn 2, 5, 10, Haltestelle Goldschmiedebrücke

Plattenspieler

69 Eine Partie Tischtennis am Schleinufer

Immer öfter sieht man sie wieder: glücklich spielende Menschen an Tischtennisplatten. Zu zweit, mit mehreren Freunden oder mit völlig Fremden im Doppel an der Steinplatte. Tischtennis erlebt gerade ein richtiges Revival! Jeder hat noch irgendwo auf dem Dachboden einen alten Schläger – oder Kelle, wie man so schön sagt – liegen. Viele kennen die Ballsportart vielleicht noch aus Kindheitstagen, als man beispielsweise Rundlauf in der Schule spielte. Dann geriet der Sport über die Jahre in Vergessenheit. Andere Aktivitäten wie Fußball, Fitness oder Yoga rückten in den Vordergrund. Doch dies ändert sich gerade. Es „klickt" wieder auf unseren Uni-, Sport- und Spielplätzen – und das ist auch der Grund, warum viele Platten heute oft belegt sind und man schwer an eine freie gelangt.

Nicht so aber die Steinplatten direkt am Schleinufer unterhalb der Johanniskirche (Altstadt). Dies ist ein kleiner Geheimtipp: Hier am Spielplatz ist nicht allzu viel los und es ist aufgrund der Bepflanzung sogar etwas windstill. Die Platten befinden sich zwischen Basketballplatz und Sandkastenspielplatz. Er ist an sich nichts Besonderes, aber er bietet den „Plattenspielern" einen zentralen, nicht stark frequentierten Ort für ihr nächstes Match.

Sollten beide Platten irgendwann doch belegt sein, fragt man die spielende Gruppe einfach, ob man mitmachen kann – das ist sowieso am lustigsten. Denn Spaß steht stets im Vordergrund, so wie früher im 19. Jahrhundert, als Tischtennis zur Unterhaltung in geselliger Runde erfunden wurde. Später wurde die Sportart immer weiter professionalisiert und schließlich wurden auch Weltmeisterschaften eingeführt. Tischtennis ist inzwischen eine olympische Disziplin! Und das passt zu Magdeburg: Denn ausgerechnet hier wurde die allererste deutsche Tischtennis-Meisterschaft im Jahr 1931 ausgetragen. Ein Grund mehr, sein verstecktes Tischtennistalent aktiv zu fördern.

TIPP

Keine Kelle da? In der Macherburg (Glücksort 53) kann man einfach eigene herstellen.

● Steinplatten am Spielplatz Johanniskirche, Schleinufer, 39104 Magdeburg
● ÖPNV: Straßenbahn 1, 2, 4, 6, 8, 9, 10, Haltestelle Alter Markt, ca. 800 Meter Fußweg

Bücher mit Geschichte

70 Im Magdeburger Antiquariat in der Liebigstraße

In Deutschland gibt es leider immer weniger Läden, die sich auf gebrauchte alte und neue Literatur spezialisiert haben. Man schätzt vielleicht noch 1800 Antiquariate, die ihre Einzelstücke präsentieren. Es liegt nicht unbedingt daran, dass weniger gelesen wird, sondern eher an der Tendenz, Dinge mal schnell online zu bestellen, anstatt dafür extra in den Laden zu gehen. Das ist wirklich schade und man verpasst viele Glücksmomente!

Im Magdeburger Antiquariat in der Liebigstraße zum Beispiel geht man nicht nur auf Entdeckungstour fernab vom Bücher-Mainstream, sondern lernt auch Annerose Busse kennen, die Inhaberin dieser Buch- und Grafikhandlung. Sie macht ihren Job inzwischen schon seit 5 Jahrzehnten und freut sich, ihre Erfahrungen in anregenden Gesprächen mit ihren Besuchern zu teilen. Sie hat es sich zur Aufgabe gemacht, besondere Einzelexemplare zu finden, um dann auf sie im Schaufenster ihrer Buchhandlung aufmerksam zu machen. Außerdem sammelt sie wertvolle Literatur aus der Region und zeigt Originalgrafiken über Magdeburg. Das sind Werke einzigartiger Natur. Und damit kennt sich Frau Busse ebenfalls sehr gut aus. Sie begutachtet wertvolle Einzelstücke oder besorgt für ihre Interessenten Bücher, die nur noch schwer aufzutreiben sind. Da spielen meist Erscheinungsjahr, Auflagenzahl, Sonderdruck und der Zustand eine wesentliche Rolle.

TIPP

Lesen macht hungrig. Wie wäre es mit einer kleinen Stärkung im benachbarten Ochaya Tea & more?

Das Geschäft wird von Menschen aufgesucht, die Büchern und Grafiken generell einen höheren Stellenwert beimessen und gerne auf einen kleinen Plausch mit der Inhaberin vorbeikommen. Damit einen die Fülle an Wissen und Informationen nicht erschlägt, kommt man am besten mit viel Zeit im Gepäck, stöbert durch die Regale und lässt sich inspirieren. Manchmal springt der Funke über! Da hält man eines der Bücher in der Hand, liebäugelt mit dem Titel, fährt vorsichtig mit dem Finger über das Cover und plötzlich ist sie da, die Neugier auf diese Geschichte.

- Magdeburger Antiquariat, Liebigstraße 6, 39104 Magdeburg, Tel. (03 91) 5 43 29 02, www.magdeburger-antiquariat.de
- ÖPNV: Straßenbahn 2, 3, 5, 8, 9, 10, Haltestelle Hasselbachplatz

GRAFIK
ZU
ERTOLT
BRECHT
1972
ERAUSGEGEBEN
VON
EBERHARD
DAENZER

Demokratie für alle

71 Die Statue von Baron von Steuben

Wer hätte das gedacht? In Magdeburg trifft man auch auf einen echten Volkshelden der USA. Wie kann das sein und wer ist gemeint? Es handelt sich hier um Baron Friedrich Wilhelm von Steuben, der 1730 in Magdeburg geboren wurde und 1794 in New York starb. Von Steuben war zunächst in der preußischen Armee tätig und agierte später als Generalinspekteur der Kontinentalarmee im Amerikanischen Unabhängigkeitskrieg. Er formierte die amerikanische Armee neu und seine Arbeit führte mit zum Wendepunkt des Krieges. Letztendlich war auch dies eine Voraussetzung für die Bildung der Vereinigten Staaten von Amerika (USA), der ersten modernen Demokratie der Welt. Von Steuben wurde zu einer wahren Heldenfigur!
Noch heute werden seine Verdienste an jedem ersten Samstag im September in New York City gefeiert: Die German American Steuben Parade ist sogar eine der üppigsten traditionellen Umzüge an der Ostküste. Mehrere Tausend Teilnehmende ziehen durch die Fifth Avenue und zelebrieren das Fest in bunten Karnevalskostümen und bei ohrenbetäubender Volksmusik. Von Steuben leistete letztendlich somit einen Beitrag dazu, dass in der amerikanischen Unabhängigkeitserklärung das „Streben nach Glück" verankert werden konnte. Er ist daher ein richtiger Glücksritter und hat auch seinen festen Platz im Süden der Altstadt. Die 3,40 Meter hohe Bronzeplastik befindet sich auf einer recht breiten und gut begehbaren Straßeninsel direkt am Hegel-Gymnasium in der Harnackstraße. Sie verläuft parallel zum Schleinufer und befindet sich auf Höhe der Sternbrücke.
Ein guter Grund, dies beim Besuch der Statue immer wieder in Erinnerung zu rufen. Übrigens – so sagt man sich – soll von Steuben immer „oll korrekt" (eigentlich „all correct") gesagt beziehungsweise geschrieben haben, weil er so schlecht Englisch verstand. Es gibt die These, dass daraus dann irgendwann der heute international geläufige Ausdruck „O. K." abgeleitet wurde.

- Statue von Baron von Steuben, Harnackstraße 13, 39104 Magdeburg
- ÖPNV: Straßenbahn 2, 5, 8, Haltestelle Planckstraße

GENERAL VON STEUBEN

Feiern wie zu Unizeiten

72 Partystimmung im Studentenclub Baracke

„It's time to hit the dancefloor!" Ausgehen gehört sozusagen zum akademischen Pflichtprogramm. Und das kann man in Magdeburg am besten in der sich direkt auf dem Campus befindlichen Baracke, unmittelbar in der Nähe der Hörsäle, Unibibliothek und Mensa. Aber natürlich trifft man hier nicht nur auf Immatrikulierte in Partylaune, sondern auf Besucher jeder Altersgruppe. Die Baracke muss man einmal besucht haben! Die günstige Lage, aber auch die wohl etwas skurrile Bezeichnung machen diesen Club zu einer wahren Kultstätte.

Im Jahr 1954 diente dieser Schuppen einst als Aufenthaltsort für fleißige Bauarbeiter, welche die umliegenden Gebäude aus dem Boden stampften, in die später die Universität einzog. Nur 10 Jahre später machten sich ein paar Studenten an die Arbeit, aus dieser eher behelfsmäßigen Hütte einen namhaften Club zu errichten – der bis heute seine Pforte für Nachtschwärmer mehrmals die Woche öffnet. Man darf von der Bude allerdings nicht zu viel erwarten (weshalb Vorglühen immer eine gute Idee ist, bevor man den Laden betritt). Die Baracke ist eben doch nur eine Baracke, mit eher improvisiertem Inventar. Das 250 Quadratmeter große Häuschen besteht aus zwei Räumen: zur Linken die große Tanzfläche, auf der man zu Clubhits, Schlagern oder Evergreens seine Hüfte schwingt, und zur Rechten die Bar, in der man seinen Durst für studentengerechte Preise stillen kann. Das Programm ist auch recht übersichtlich: Dienstags gibt's Oldies auf die Ohren und donnerstags stehen die Musikwünsche der Gäste im Vordergrund. Am Samstag lässt man das Tanzbein zu aktueller Chartmusik schwingen. Die Bar bietet für viele eine gute Gelegenheit, mal durchzuatmen und sich bei angenehmerer Lautstärke mit den Leuten zu unterhalten. Gerne werden hier Geburtstage zelebriert oder im Nebenraum einfach die stressige Arbeitswoche weggetanzt. Aber vielleicht auch, um sich (noch) einmal so zu fühlen wie damals, in der wohl schönsten Zeit des Lebens: der Studentenzeit.

● Studentenclub Baracke, Universitätsplatz 2, 39106 Magdeburg, Tel. (03 91) 6 62 44 05, www.sc-baracke.de
● ÖPNV: Straßenbahn 1, 8, 9, 10, Haltestelle Universität

Stadionluft schnuppern

73 Mitfiebern beim Heimspiel des 1. FC Magdeburg

Fußball macht glücklich! Das haben nicht nur Wissenschaftler erforscht, das kann jeder, der sich ein Fußballspiel in der MDCC-Arena anschaut, am eigenen Körper spüren. Dabei muss man nicht einmal Fan sein oder selbst Fußball spielen. Die Magdeburger Jungs spielen mit so großer Hingabe, dass man sich eigentlich nur von dieser Begeisterung anstecken lassen kann. Es bereitet regelrecht Gänsehaut, wenn man die große Arena betritt, den Fanjubel hört, begleitet von Paukenschlag und Trillerpfeife. Wer das nicht kennt, wird buchstäblich ergriffen sein von der Dramaturgie der Fangesänge und des rhythmisch abgestimmten gemeinsamen Klatschens. Der Schal in Blau-Weiß wird stolz hochgehalten und die La-Ola-Welle geht durch den ganzen Körper.

Natürlich ist das Erlebnis im Stadion mit nichts zu vergleichen, auch wenn der gemeinsame Fußballnachmittag mit Freunden vor dem Bildschirm auch so seine Sternstunden hat. Die MDCC-Arena ist definitiv einen Besuch wert: Sie ist gut mit Bus und Bahn zu erreichen (Stadtteil Cracau) und bietet Platz für knapp 30.000 Besucher. Die Zuschauerränge sind komplett überdacht und die eingeschworene Fangemeinde sorgt immer für Stimmung.

Der 1. FC Magdeburg spielt guten Fußball, das muss man ihm lassen. Und es macht einfach Spaß, den Spielern dabei zuzugucken. Das ist es auch, was die Wissenschaftler in ihrer Studie über „Glück & Fußball" festhalten konnten: Ein Fußballspiel weckt starke Emotionen und erreicht in unserer Gesellschaft eine breite Masse. Da darf auch schon mal ein Tränchen kullern oder eben bis zum Morgengrauen gefeiert werden. Anspannung, Jubel, Identifikation – oft ein Kontrast zum üblichen Alltag und somit mit viel Vorfreude aufs Wochenende verbunden, wenn es wieder heißt: „F-C-M-Fußballgott … Heja-heja, wir sind FCM … Vorwärts, Magdeburger Jungs … Schießt ein Tor für uns!!!"

- 1. FC Magdeburg, MDCC-Arena, Heinz-Krügel-Platz 1, 39114 Magdeburg
https://1.fc-magdeburg.de
- ÖPNV: Straßenbahn 4, Bus 51, Haltestelle Arenen

JOACHIM STREICH
223 TORE
FC MAGDEBURG
1965

Im Wohnzimmer der Stars

74

Das AMO Kulturhaus

Zu den größten Veranstaltungshäusern der Stadt zählen die GETEC-Arena, die MDCC-Arena und das Alte Theater Magdeburg, doch das eigentliche „Wohnzimmer der Stars", wie es so schön heißt, ist das legendäre AMO Kulturhaus. Hier wird verteilt auf drei Ebenen gefeiert, gelacht und getanzt.

Allein das Foyer mit seiner rundläufigen Bar lädt zum Verweilen ein. Gleich dahinter befindet sich der große Saal für etwa 1700 Gäste. Er ist 700 Quadratmeter groß, lichtdurchflutet und besitzt sowohl eine eigene Bühne mit Vorhängen als auch eine Traversenkonstruktion für die perfekte Anbringung von Bühnentechnik. Eine Etage höher befindet sich der kleine Saal im Stile der 1950er-Jahre für circa 200 Gäste und für ganz exklusive Feiern. Wer es kleiner und gemütlicher mag, wird die halb so große Bördestube im Untergeschoss mögen oder den seitlich befindlichen Salon.

TIPP

Direkt hinterm Haus befindet sich ein großer gemütlicher Biergarten mit toller Gartenatmosphäre.

Von außen fällt das in den 1950er-Jahren erbaute und heute denkmalgeschützte Gebäude durch seine neoklassizistische Architektur auf. Die Sowjetunion lässt grüßen. Gerade das macht das AMO so einzigartig und kulturhistorisch interessant. Hier rockten schon die Sportfreunde Stiller, Tocotronic und Mark Forster. Aber auch Ingo Appelt oder Kaya Yanar sorgen hier regelmäßig für Lachkrämpfe bis nach Mitternacht. An solchen Veranstaltungen merkt man immer, dass Magdeburg mit den Großen mithalten kann. Ein bisschen stolz erzählt man seinen Freunden und Bekannten, wie lustig der Abend gestern war und wer sonst noch alles im AMO-Eventkalender steht … Schließlich gibt es da noch die ganzen ulkigen Musicals, originellen Coverbands und beliebten Messen, die sich eng getaktet nacheinander abwechseln. Und egal ob Musikshow, Abiball, Ü30-Party oder Kunstausstellung – im AMO hat bestimmt jeder Magdeburger schon mal eine Veranstaltung oder ein Fest besucht, das ihm oder ihr für immer in Erinnerung bleibt. Das AMO ist nicht nur das Wohnzimmer der Stars, sondern auch ein Ort fürs Wochenende, wenn man sich wieder fragt: Wohin eigentlich?

- AMO Kulturhaus, Erich-Weinert-Straße 27, 39104 Magdeburg, Tel. (03 91) 59 34 50 www.mvgm.de/de/amo
- ÖPNV: Straßenbahn 2, 5, 8, Haltestelle AMO/Steubenallee

AMO

Auf und ab

75 Trampolinspringen am Petriförder

Fast 100 Jahre ist es jetzt her, dass der US-amerikanische Sportler George Nissen ein Segeltuch über einen Metallrahmen spannte, auf das man durch einen Sprung leicht abfedern konnte, ähnlich wie bei einem Trapezsprung, den er bereits als Kind während eines Zirkusbesuches begeistert beobachtete. Er gab dieser Erfindung den Namen Trampolin – das ist Spanisch und heißt „Sprungbrett". Leider wurde diese großartige Erfindung zunächst nur im militärischen Kontext eingesetzt, um die Koordination von Soldaten zu optimieren. Das reichte dem Erfinder aber nicht. Es ist doch ein Sportgerät für jedermann, mit großem Spaßfaktor!

Sein Eifer in den darauffolgenden Jahren zahlte sich aus: Trampolinspringen wurde später zu einer anerkannten Sportart (inzwischen auch als olympische Disziplin) mit Tausenden von Nachahmern in über 500 Vereinen weltweit. Heute kann man auf dem Sprunggerät zu schneller rhythmischer Musik viele überschüssige Kalorien verlieren, seine Muskulatur stärken und orthopädische Probleme lösen. Was man aber vor allem kann: sich glücklich machen!

TIPP

Die Elbuferpromenade ist eine perfekte Ausgangslage für tolle Spaziergänge an der Elbe.

Das geht natürlich auch in Magdeburg, ganz einfach und schnell, quasi bei einem Spaziergang am Schleinufer. In unmittelbarer Nähe des Wohnmobilstellplatzes am Petriförder liegt ein bisschen versteckt eine kleine Spielfläche mit einem circa 1,50 x 1,50 Meter großen integrierten Trampolin. Das ist so cool, man möchte gar nicht aufhören, sobald man in der Luft ist. Natürlich haben Kinder Vorrang und man stellt sich geduldig an. Das Warten lohnt sich. Man kann hier direkt am Wasser an der frischen Luft ganz locker schwingen, hüpfen oder auf der Stelle joggen. Durch das Auf und Ab bekommt man kurz, bevor man wieder nach unten gleitet, ein Gefühl der Schwerelosigkeit. Der Druck auf den Körper entweicht und man fühlt sich mit jedem Sprung leichter und leichter. Das Trampolin am Petriförder schenkt außerdem eine sagenhafte Aussicht auf die Strandbar, die Elbe und auf die Insel gegenüber.

- Spielfläche am Petriförder (gegenüber dem Wohnmobilstellplatz und der Strandbar), 39104 Magdeburg
- ÖPNV: Straßenbahn 4, 6, Haltestelle Askanischer Platz, ca. 650 Meter Fußweg

Geschichte erleben

76 Besuch im Dommuseum Ottonianum

Manchmal muss der Glanz des Mittelalters erst ans Licht geholt werden – und das hat das Dommuseum Ottonianum sich zur Aufgabe gemacht. Der etwas außergewöhnliche lateinische Name heißt so viel wie „ottonisch", vom Adelsgeschlecht der Ottonen abstammend, und erzählt die Geschichte eines der berühmtesten Paare des Mittelalters und damit auch die spannende Entstehungsgeschichte der Stadt Magdeburg. Das Museum befindet sich in der ehemaligen Reichsbank gleich gegenüber dem Dom. Es zeigt spektakuläre archäologische Funde der neueren Domplatz-Grabungen und auch Grabungen im Dom. So weiß man erst seit ein paar Jahren, dass Editha, die erste Frau Ottos I., tatsächlich in Magdeburg begraben liegt.

Aber nicht nur das. Die archäologischen Funde legten noch etwas Spektakuläres frei: In einem Holzverschlag entdeckte man zufällig drei mit einer dicken schwarzen Kruste überzogene Figuren, die erst mittels aufwendiger Lasertechnik freigelegt werden konnten. Es handelt sich um drei Schutzpatronen des Doms aus dem 15. Jahrhundert, die hier im Original zu sehen sind.

TIPP
Otto hatte eine einzigartige Unterschrift. Wie wäre es mit einem Aufkleber seiner Signatur?

Wer aber nun eine Ansammlung materieller Artefakte und Exponate hinter Glasscheiben erwartet, täuscht sich. Hinter dem Ottonianum steckt ein hochmodernes pädagogisches Konzept für Jung und Alt mit vielen multimedialen interaktiven Highlights, welche das Leben der Könige und Kaiser im 10. Jahrhundert vermittelt. Das „Eintauchen in die Geschichte" wird hier wortwörtlich genommen und ist so auch für Geschichtsmuffel verführerisch spannend.

Schön ist es immer, so einen informationsreichen Besuch Revue passieren zu lassen, zum Beispiel bei einer heißen Tasse Kaffee und einer süßen Stärkung im Café Editha am Eingang der Ausstellung. Und wer dann doch ein paar Fakten durcheinanderbringt, dem hilft bestimmt eines der Prospekte aus dem D.O.M.-Shop nebenan.

● Dommuseum Ottonianum Magdeburg, Domplatz 15, 39104 Magdeburg, Tel. (03 91) 99 01 74 21, www.dommuseum-ottonianum.de
● ÖPNV: Straßenbahn 2, 5, 10, Haltestelle Domplatz

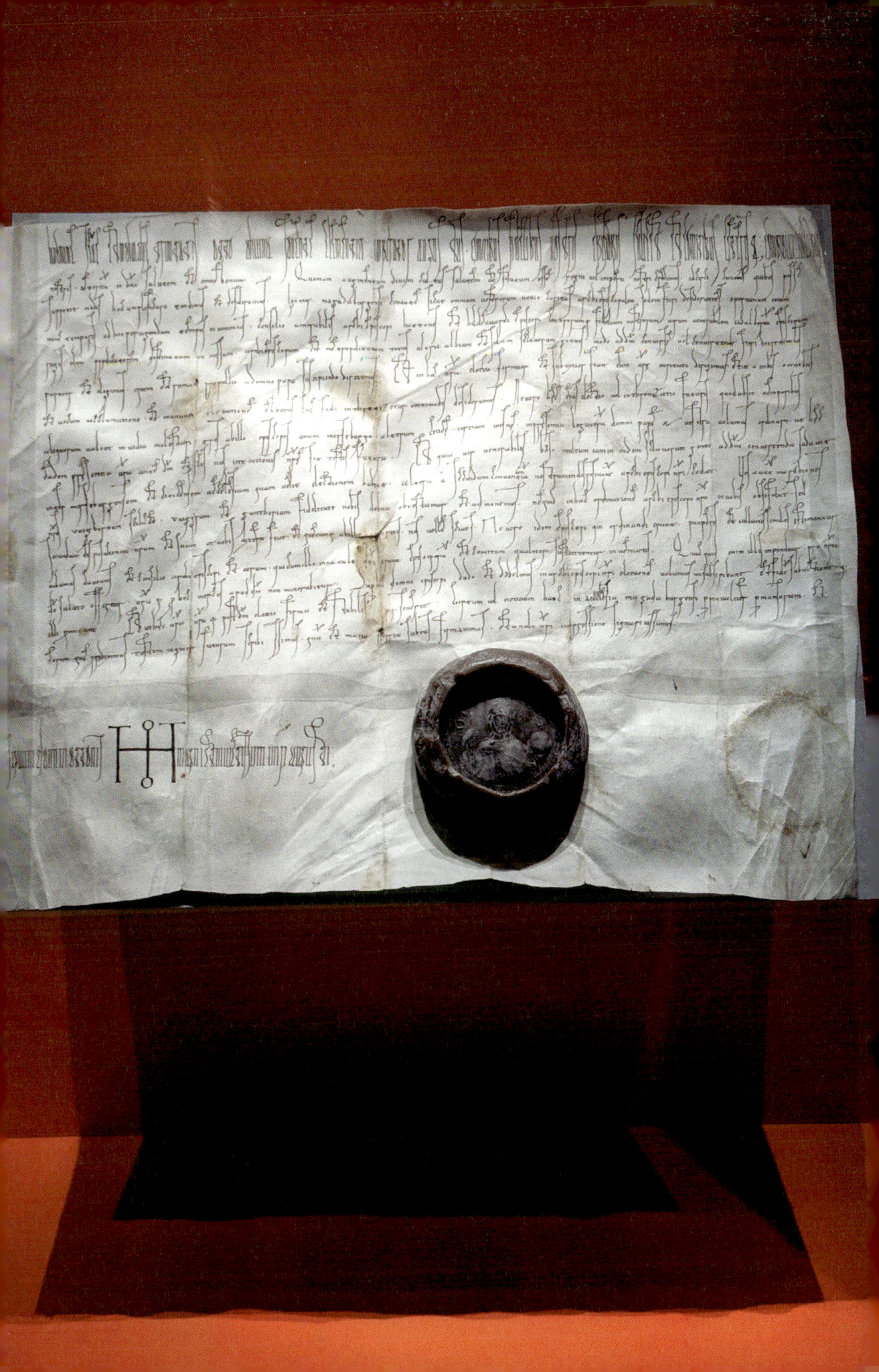

Austoben und Aufladen

77 Der Abenteuerspielplatz in der Hegelstraße

Spielplätze sind nicht nur was für Kinder. Erst recht nicht der Abenteuerspielplatz in der Hegelstraße im Gründerviertel, südlich der Altstadt. Hier lädt man auf im doppelten Sinne: Während die Kleinen auf der Kletterpyramide jubeln und durch die Röhren rutschen, kann sich der erwachsene Part ganz in Ruhe ins Netz einwählen. Dafür sorgt das freie WLAN des lokalen Telekommunikationsanbieters MDCC. Das ist aber noch nicht alles. Schließlich will man das bunte Treiben seiner Kids nicht unterbrechen, nur weil der Handyakku plötzlich rot blinkt. Dafür sorgt schon die auffällige orange Solarbank – Smartbench genannt – mitten im Park. Via USB-Anschluss können die Handyakkus aufgeladen werden. Jetzt können sich Mamis und Papis zurücklehnen und den Spaß ihrer Kinder genießen. Sollte sich das Kind doch mal langweilen und quengelig werden, gibt es noch ein virtuelles As im Ärmel. Wer mit seinem Handy den am Spielplatzschild angebrachten QR-Code scannt, kann dreidimensionale Märchenfiguren aufleben lassen und in ein digitales Wunderland eintauchen.

Der Abenteuerspielplatz bietet aber jede Menge Grund zum Austoben: Es gibt verschiedene Rutschen, Wasserspiele, Wippen und ein Trampolin und damit viele Anreize für gemeinsame Spiele an der frischen Luft. Und wer weiß, vielleicht entsteht hier die ein oder andere Sandkastenfreundschaft. Einige Eltern erinnern sich selbst an ihre Kindheit auf genau diesem Spielplatz, den es schon seit 1998 gibt. Schaut man über den Spielplatzzaun, kann man erahnen, wie es in Magdeburg vor rund 200 Jahren einmal ausgesehen haben muss: Prachtstraßen im Jugendstil, Fassadenschmuck und ornamentale Pflaster. Der von den Straßen gut abgeschirmte Spielplatz im Süden der Altstadt gehört zu den größten und beliebtesten Anlaufstellen für Jung und Alt. Er wurde 2018 saniert und wird heute für seine Sauberkeit und den guten Zustand geschätzt. Ein Ort zum Wohlfühlen für alle Generationen!

- Abenteuerspielplatz, Hegelstraße/Leibnizstraße, 39104 Magdeburg
- ÖPNV: Straßenbahn 2, 3, 5, 8, 9, 10, Haltestelle Hasselbachplatz

Der Strömung lauschen

78 Der Fährmann an der Elbuferpromenade

Schon gesehen und bewusst wahrgenommen? Am östlichsten Punkt des alten Magdeburgs, der heutigen Elbuferpromenade, befindet sich das imposante Kunstwerk „Der Fährmann“ von Eberhard Roßdeutscher (1921–1980) aus den 1970er-Jahren. Imposant deshalb, weil er mit viel Kraft gegen den Strom ankämpft, um auf die andere Seite zu gelangen. Neben dieser herausragenden Figur befinden sich hier noch weitere fünf Reliefblöcke mit verschiedenen historischen Themen aus dem Magdeburger Alltag: Arbeit, Glaube, Erfindung, Kunst und Musik.
Der Fährmann steht symbolisch für die Anstrengung der Magdeburger, ihren Handel über den Fluss hinaus zum Erfolg zu bringen. Doch die Ruhe, die dieser Platz ausströmt, lässt in Anlehnung an „Siddhartha“ von Hermann Hesse noch eine andere Interpretation zu: Zu Zeiten, in denen es wenig Brücken gab, war auch der Beruf des Fährmanns noch häufiger anzutreffen. Seine Aufgabe war es, eine Fähre sicher über einen Fluss oder ein Gewässer zu bringen.
Und das wäre genau das Gegenteil von dem ganzen Trubel der Stadt, des Shoppings und der Geschäftigkeit des Alltags. An der Elbe kann man prima zur Ruhe kommen. Der Strömung der Elbe lauschen, die Gedanken fließen lassen, auch einfach mal nichts tun und den Moment genießen. Jenseits der Hektik, abschalten, verweilen, durchatmen. In diesem Zustand kommt man nicht selten zu neuen Erkenntnissen. Oder wie es Hesses Fährmann formulieren würde: „Höre dem Fluss zu, seinem Rauschen. Dann bemerkst Du, der Fluss lehrt einem das Leben.“ Wenn man diese Worte liest, könnte man glatt meinen, Hermann Hesse muss genau hier gestanden haben, als er seine Gedanken über den Fluss zu Papier brachte. Dem war aber nicht so. Es ist nicht bekannt, dass sich Hesse einst nach Magdeburg verirrt hat, aber er hätte es vermutlich genauso auch über die Elbe gesagt. Er würde auch hier das Glück sehen und betonen, dass Zufriedenheit genau hier zu finden ist.

- Der Fährmann, Elbuferpromenade, 39104 Magdeburg
- ÖPNV: Straßenbahn 1, 2, 4, 6, 8, 9, 10, Haltestelle Alter Markt, ca. 700 Meter Fußweg

Sternchen zu Füßen

79 Der Sports Walk of Fame auf dem Breiten Weg

In Hollywood erstreckt er sich über mehr als 15 Häuserblöcke, der weltberühmte Walk of Fame mit inzwischen über 2700 im Boden eingelassenen Sternen. Sie ehren Prominente aus Film, Fernsehen, Musik, Radio und Theater. Und was ist mit der Rubrik Sport? Na, die findet man selbstverständlich hier in Magdeburg, der Stadt des Sports!
Im Jahr 2007 wurde auf dem Breiten Weg der erste Stein gesetzt und es kommen immer mehr dazu. Denn die Magdeburger schreiben Sportgeschichte – Jahr für Jahr. Seit 120 Jahren holen sie regelmäßig Medaillen bei Europa- und Weltmeisterschaften, Olympiaden und weiteren Wettbewerben, egal ob es sich um Schwimmen, Rudern, Boxen oder Radsport handelt, im Fußball und Handball sowieso. Die auf der Straße verteilten Bronzeplaketten ehren sportliche Größen wie Antje Buschschulte (Schwimmen, Olympische Spiele), Stefan Kretzschmar (Handball, Olympische Spiele) oder auch den 1. FC Magdeburg (Fußball, Europapokal- der Pokalsieger). Solche Titel gewinnt man natürlich nicht (nur) mit der gewissen Portion Glück, sondern mit sehr viel Ehrgeiz, Schweiß und Disziplin und der perfekten Beherrschung der jeweiligen Sportart.

TIPP

Wie praktisch: Sportliche Accessoires gibt's gleich nebenan bei Intersport.

Mit dem Sports Walk of Fame in Magdeburg wird an die besonderen Glücksmomente der verschiedenen Magdeburger Sportlerinnen und Sportler erinnert, aber auch auf eine gewisse Weise dazu motiviert, sein eigenes Glück in die Hand zu nehmen (sei es beim Sport oder anderen selbst gesteckten Zielen). Wo, wenn nicht beim Sport, lernt man, dass sich Übung und Geduld irgendwann auszahlen, dass man immer besser wird, je öfter man trainiert? Und je besser wir eine Sache beherrschen, desto mehr Freude bereitet sie uns, egal ob wir uns im Tischtennis probieren, Klavierspielen üben oder die Arbeitsstelle wechseln. Glück ist also ein bisschen auch eine Übungssache. Und wer's sportlich nimmt, ist nicht mehr weit entfernt davon.

● Sports Walk of Fame, Breiter Weg (Höhe Tourist Information), 39104 Magdeburg
● ÖPNV: Straßenbahn 1, 2, 4, 6, 8, 9, 10, Haltestelle Alter Markt

ROBERT
STIEGLITZ
SES Boxing Magdeburg
2009/10
Boxen

Urlaub auf zwei Rädern

80

Mit dem Leihrad auf dem Elberadweg

„Was bedeutet die blaue Linie an der Wand?“, fragen Kinder immer wieder, wenn sie mit ihren Eltern oder Großeltern an der Elbuferpromenade spazieren gehen. Aber nicht nur die Kleinen können anhand dieser liebevoll gestalteten Karte den Verlauf der Elbe nachvollziehen, auch Erwachsene verfolgen interessiert den auf der Mauer eingezeichneten Weg des Flusses – von seiner Quelle (Pramen Labe genannt) in Tschechien bis zur Mündung in die Nordsee –, der gleichzeitig der Elberadweg ist. Deutschlands beliebtester Radweg verläuft immer am Fluss und führt direkt durch Magdeburg – vorbei an den Salbker Seen (Glücksort 62), entlang des Klosterbergegartens, direkt am Dom vorbei und immer weiter Richtung Norden (Wissenschaftshafen). Die Mauer an der Elbuferpromenade ist ein Teil dieser circa 1091 Kilometer langen Strecke, die die Elbe zurücklegt.

Ihren Ursprung hat der durch viele Eiszeiten entstandene Strom im tschechischen Riesengebirge. Von hier aus führt der Fluss durch den Nationalpark, durchs Böhmische Mittelgebirge und die Sächsische Schweiz. Erst hinter der tschechischen Stadt Děčín wird aus Labe schließlich Elbe. Sie passiert Städte wie Dresden, Meißen, Dessau-Roßlau, Wittenberge und Hamburg. Alles Glücksorte, die man mit dem Rad von hier aus ansteuern kann. Wer kein Fahrrad besitzt oder gerade keines dabeihat, wendet sich am besten an die Elbe Rad Touristik. Sie bietet spezielle Tourenräder für kleines Geld, die man auch wochenweise mieten kann. Die Leihstation stellt nicht nur auf Wunsch Gepäcktaschen bereit, sondern bietet auch Hotelanlieferungen und umfassende Unterstützung bei der Reiseplanung.

Der Elberadweg gehört zu den abwechslungsreichsten Radwegen Europas. Man muss aber nicht die komplette Tour machen, sondern kann Etappen wählen: zum Beispiel von Magdeburg nach Tangermünde (circa 80 Kilometer) oder in die andere Richtung nach Dessau (90 Kilometer). Damit ist der Elberadweg kein Glücksort, sondern eigentlich eine ganze Glücksstrecke.

TIPP

Wer die Strecke mit Elbe Rad Touristik plant und es bequemer mag, kann auch ein E-Bike leihen.

- Elberadweg, Wandbemalung an der Elbuferpromenade, Schleinufer 25–49, 39104 Magdeburg, www.elberadweg.de
- Fahrradleihstation: Am Alten Theater 2, 39104 Magdeburg www.elbe-rad-touristik.de

Elbquelle
Špindlerův Mlýn (Spindlermühle)

Bibliografische Informationen der Deutschen Nationalbibliothek
Die Deutsche Nationalbibliothek verzeichnet diese Publikation in der Deutschen Nationalbibliografie; detaillierte bibliografische Daten sind im Internet über http://dnb.d-nb.de abrufbar.

Konzeption/Satz: Droste Verlag, Düsseldorf
Einbandgestaltung und Illustrationen: Britta Rungwerth, Düsseldorf, unter Verwendung von Bildern von © Fotolia.com: jd – photodesign.de; © iStock: Plociennik Robert
Fotos: Regina & Jens Tödter, außer:
Brauhaus Brewckau: S. 53; Martin Jehnichen/MDR: S. 39; Kältekammer Magdeburg UG: S. 111; Andreas Lander für die Landeshauptstadt Magdeburg: S. 51; Andrea Scholz/Telemann Konservatorium: S. 49; Stadtarchiv Magdeburg: S. 81; Strandbar/Magdeburg Events GmbH: S. 61; Wein&Zeit GmbH: S. 93; Zweimalschön Magdeburg/Deutsche Kleiderstiftung: S. 15
Textlektorat: Annedore Fausak, Neuss

MIX
Papier aus verantwortungsvollen Quellen
FSC® C011279
www.fsc.org

Druck und Bindung: LUC GmbH, Greven
ISBN 978-3-7700-2443-8

www.droste-verlag.de